LAZARILLO DE TORMES

LAZARILLO DE TORMES

EDICIÓN SIMPLIFICADA PARA
USO ESCOLAR Y AUTOESTUDIO

Esta edición, cuyo vocubulario se ha elegido entre las palabras españolas más usadas (según CENTRALA ORDFÖRRÅDET I SPAN-SKAN de Gorosch, Pontoppidan-Sjövall y el VOCABULARIO BÁSICO de Arias, Pallares, Alegre), ha sido resumida y simplificada para satisfacer las necesidades de los estudiantes de español con unos conocimientos un poco avanzados del idioma.

EDICIÓN A CARGO DE:
Berta Pallares, *Dinamarca*

CONSULTORS
José Ma. Alegre Peyrón,
Dinamarca

Ilustraciones:
Per Illum

© 1976 por Grafisk Forlag/Aschehoug Dansk Forlag A/S
ISBN Dinamarca 87-429-7733-9

Impreso en Dinamarca por
Grafisk Institut A/S, Copenhague

LA VIDA DE LAZARILLO DE TORMES Y DE SUS FORTUNAS Y ADVERSIDADES, apareció como un libro anónimo en 1554 en Burgos, en Alcalá y en Amberes. El libro circuló por todas partes. Era algo nuevo. Rompía con todo lo anterior creando un nuevo modo de escribir y reflejaba, entre otras cosas, la realidad española. Todavía hoy es un libro vivo y lleno de interés. El nombre del autor no se conoce, pero se conocen muchas cosas de él pues él mismo las va diciendo por boca de Lazarillo de Tormes.

El libro muestra que su autor poseía un estilo personal, un fuerte sentido del humor, una sensibilidad despierta y una profunda sabiduría de la vida. A través de lo que nos cuenta Lazarillo se ve que su autor prestó una viva atención a los acontecimientos de su tiempo, atención que le permite registrar las importantes corrientes de pensamiento de su época. Probablemente tenía experiencia del hambre y del frío, de la vida dura en la que se movía una parte de la sociedad española del siglo XVI. Sin duda conocía las costumbres de su tiempo, los modos de vivir y de ser españoles en aquel momento, el concepto que se tenía entonces de la honra, la manera que se tenía de ser religioso. Tenía también el sentido de la lengua y de la belleza. El libro apareció en 1554, en una época en que de alguna manera podía escribirse en España una obra de crítica, de crítica social. La crítica anticlerical que hay en el libro es una parte de la crítica social de la época, crítica que por otra parte cuenta con una buena tradición. El autor abre un camino nuevo a la novela española, pero a la vez recoge motivos de la tradición literaria europea: el tema del ciego y su mozo se encuentra ya en un *fabliau* francés del siglo XIII.

Este libro tan breve da vida a un tipo humano, el *pícaro,* de fama universal y representado en la literatura española por otras obras famosas que aparecen medio siglo después.

Lázaro cuenta en forma autobiográfica su vida, desde que era muy pequeño, en Salamanca, hasta ser ya hombre, en Toledo.

Cuenta los trabajos que pasó sirviendo a sus amos, sus andanzas por tierras de Salamanca y Toledo. Habla de las gentes que ve y con las que se roza, unas veces, con las que convive, otras.

Para la presente edición he tenido como base la edición de Amberes, de 1554. He añadido solamente un pasaje de la edición de Alcalá, en el episodio del bulero. Lo he hecho por razones editoriales.

OTRAS OBRAS PICARESCAS: *Guzmán de Alfarache* (1599) de Mateo Alemán, *La pícara Justina* (1605) probablemente de F. López de Úbeda, *Marcos de Obregón* (1618) de Vicente Espinel, el *Buscón* (1626) de F. de Quevedo.

ÍNDICE

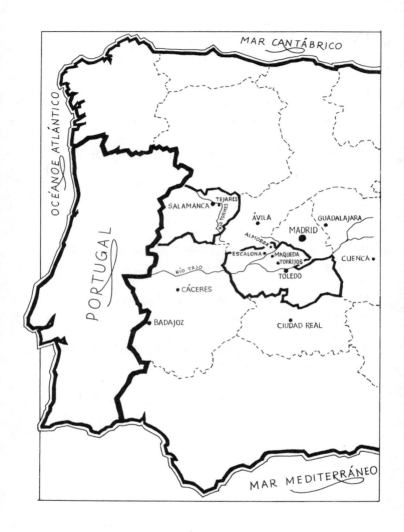

Prólogo

Yo tengo por bien que cosas tan señaladas y nunca oídas ni vistas, lleguen a noticia de muchos, pues podría ser que alguno que las leyere halle algo que le agrade y que, a los que no *ahondaren* tanto, los *deleite,* pues no hay libro, por malo que sea, que no tenga alguna cosa buena; y pues los gustos no son todos uno, vemos que cosas tenidas en poco por unos, para otros no lo son.

Pues creo que toda cosa se debe comunicar a todos si es sin *perjuicio* y si se puede sacar de ella algún fruto. Si no fuese así muy pocos escribirían para uno solo, pues escribir no se hace sin trabajo, y el que escribe quiere, ya que pasa el trabajo, ser *recompensado,* no con dinero, sino con que los otros vean y lean sus obras, y si hay de qué, que las alaben.

Y así, diciendo que yo no soy más santo que mis vecinos, digo también que no me pesará que todos tengan parte de esto que escribo en mi pobre estilo y que se alegren todos los que en ello algún gusto hallaren y que vean que un hombre vive con tantas fortunas y peligros.

Vuestra merced reciba este libro y pues vuestra merced escribe diciendo que se le escriba el caso muy *por extenso,* me pareció mejor no empezarlo por el medio, sino por

---

prólogo, lo que se escribe antes del cuerpo de la obra de un libro.

ahondar, aquí: leer de manera profunda.

deleitar, divertir.

perjuicio, daño.

recompensar, dar algo a cambio como premio.

vuestra merced, forma antigua de tratamiento, hoy usted (téngase muy en cuenta para entender la persona de los verbos a lo largo de todo el libro).

por extenso, explicando todas las cosas mucho.

el principio, para que vuestra merced tenga entera noticia de mi persona. Y también me pareció mejor hacerlo así para que piensen los que *heredaron* nobles *estados* lo poco que se les debe, pues la fortuna fue buena para con ellos, y cuánto más hicieron los que siéndoles la fortuna contraria, con sus pobres fuerzas llegaron a buen puerto.

---

heredar, recibir algo de sus mayores cuando éstos mueren.
estados, aquí: situación.

LÁZARO CUENTA SU VIDA Y DE QUIÉN FUE HIJO

aceña

Pues sepa vuestra merced que a mí me llaman Lázaro
de Tormes, hijo de Tomé González y de Antona Pérez
naturales de *Tejares,* aldea de *Salamanca.* Mi *nacimiento*
fue dentro del *río Tormes* por la cual causa tomé el
sobrenombre, y fue de esta manera.

Mi padre, a quien Dios perdone, tenía como trabajo
el *proveer* una *aceña* que está a la orilla de aquel río, en el
cual fue *molinero* más de quince años; estando mi madre
una noche en el molino le llegó la hora y me *parió*

Tejares, Salamanca, río Tormes ver mapa en página 8.
nacimiento, hecho de nacer.
sobrenombre, palabra que acompaña al nombre, aquí: Tormes.
proveer, aquí: cuidar, atender.
molinero, hombre que trabaja en la aceña (=molino).
parir, poner en el mundo un hijo = dar a luz.

a mí allí; de manera que con verdad me puedo decir nacido en el río.

Pues siendo yo niño de ocho años mi padre fue preso. En este tiempo se hizo cierta *armada* contra los *moros* en la cual fue mi padre, que en este tiempo ya estaba fuera de la cárcel, y sirviendo a su señor perdió la vida. Espero en Dios que está en la gloria.

Mi *viuda* madre como se viese sola y sin marido, decidió acercarse a los buenos e irse a vivir a la ciudad. Allí hacía la comida a ciertos estudiantes y lavaba la ropa a ciertos mozos de caballos del *Comendador de la Magdalena*. Allí conoció a un hombre *moreno*, este hombre venía algunas veces a nuestra casa, y se iba por la mañana; otras veces llegaba de día a comprar *huevos* y entraba en casa. Yo al principio tenía miedo de él viéndole el color y el mal gesto que siempre tenía, pero cuando vi que con su venida era mejor el comer, empecé a quererlo bien porque siempre traía pan, pedazos de carne y en el invierno *leños* a los que nos calentábamos.

Sucedió todo de manera que mi madre vino a darme un hermano, un negrito muy bonito, con el que yo jugaba. Y me acuerdo que estando el negro de mi *padrastro* jugando con el niño, como éste veía a mi madre y a mí blancos, y a él no, huía de él con miedo y se iba a donde estaba mi madre y señalándole con el dedo decía: «Madre, *coco*».

---

armada, ejército que lucha en el mar.
moro, natural de Africa, de Mauritania.
viuda, que ha perdido a su marido.
Comendador de la Magdalena el que tenía una *encomienda,* cargo por el que recibía dinero de la *Magdalena,* iglesia de Salamanca.
moreno, de color oscuro; aquí: negro.
padrastro, que no es el padre verdadero.
coco, palabra que dicen los niños cuando tienen miedo.

Yo, aunque era pequeño todavía, noté aquella palabra de mi hermanito y dije para mí: «¡Cuántos de estos debe de haber en el mundo que huyen de otros porque no se ven a sí mismos!».

Quiso nuestra mala fortuna que llegara a saberse que mi padrastro se llevaba la mitad de la *cebada* que le daban para los caballos a casa de mi madre para después venderla y que también hacía perdidas las mantas de los caballos. Con todo esto ayudaba a mi madre para criar a mi hermanito. Se probó todo esto que digo y aún más, porque a mí me preguntaban, amenazándome, y como niño que era respondía y descubría, con el mucho miedo que tenía, todo cuanto sabía. Mi padrastro fue preso y a mi madre le dijeron que no entrase más en la casa de dicho Comendador. Entonces ella se fue a servir a los que vivían en el *Mesón de la Solana* y allí, pasando muchos trabajos, crió a mi hermanito hasta que supo andar y a mí hasta ser buen mozuelo que iba a buscar vino y todo lo demás que me mandaban los que vivían en el mesón.

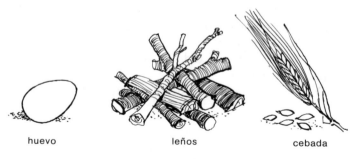

huevo   leños   cebada

Mesón de la Solana, lugar donde vive la gente que va de paso, el de la *Solana* se encontraba donde está hoy el *ayuntamiento* (= casa de la ciudad, del pueblo).

En este tiempo llegó al mesón un viejo, era un *ciego,* el cual pensando que yo sería bueno para *guiarle,* le pidió a mi madre que me dejase ir con él. Mi madre lo hizo diciéndole cómo yo era hijo de un buen hombre el cual había muerto en la *batalla de los Gelves* por defender la fe y que ella esperaba en Dios que yo no sería peor hombre que mi padre y que le rogaba que me tratase bien, pues era *huérfano.*

El ciego respondió que lo haría así y que me recibía no como mozo sino como hijo. Y así empecé a servir y a guiar a mi nuevo y viejo amo.

Estuvimos en Salamanca algunos días, pero a mi amo la ganancia le pareció poca y decidió irse de allí. Cuando íbamos a partir yo fui a ver a mi madre, y, ambos llorando, me dio su *bendición* y me dijo:

– Hijo, ya sé que no te veré más; sé bueno, y Dios te guíe; yo te he criado y te he puesto con buen amo, así que *válete* por ti solo. Y me fui hacia donde estaba mi amo, que me estaba esperando.

Salimos de Salamanca y llegando al puente hay a la entrada de él un animal de piedra, que tiene forma de toro, el ciego me mandó que me llegase cerca del animal y puesto allí me dijo:

– Lázaro, acerca el oído a ese toro y oirás un gran ruido dentro de él.

Yo lo hice creyendo que sería así; cuando el ciego

---

ciego, el que ha perdido la vista.

guiar, conducir.

batalla, combate entre dos ejércitos, la batalla de los *Gelves* tuvo lugar en 1510, fueron derrotados los cristianos.

huérfano, aquél cuyo padre (o madre) ha muerto.

bendición, de *bendecir,* pedir a Dios que le guíe y le ayude.

valerse, aquí: vivir sin la ayuda de otros.

sintió que tenía la cabeza junto a la piedra me dio tal golpe con su mano contra el toro que el dolor me duró más de tres días, y me dijo:

– Aprende que el mozo de ciego un punto ha de saber más que el diablo.

Y se rió mucho.

Me pareció que en ese momento desperté de la *simpleza* en que como niño dormido estaba. Y dije para mí: «Verdad dice éste, pues soy solo, tengo que ver y pensar cómo me sepa valer».

Empezamos nuestro camino y en muy pocos días me

---

simpleza, aquí: falta de maldad.

enseñó *jerigonza* y como viese que yo tenía buen *ingenio* estaba muy contento y me decía: «Yo no te puedo dar oro ni plata, pero te mostraré muchos consejos para vivir». Y fue así, que después de Dios, éste me dio la vida y, siendo ciego, me alumbró y guió en la carrera de vivir. Le cuento a vuestra merced estas cosas para mostrar cuánta virtud es que los hombres pobres y bajos sepan subir y cuánto vicio es el que los hombres siendo ricos y altos se dejen bajar.

Mi amo en su *oficio* era un *águila:* sabía de memoria más de cien oraciones, tenía un tono bajo y tranquilo que hacía resonar la iglesia donde rezaba y cuando rezaba ponía un rostro *devoto.*

águila

Además de esto tenía otras mil formas de sacarle el dinero a la gente. Sabía oraciones para todo, a las mujeres que iban a parir les decía si iba a ser hijo o hija y decía que *Galeno* no supo la mitad de lo que él sabía para curar toda clase de enfermedades.

---

jerigonza, el habla particular de los ladrones y gentes de mal vivir.
ingenio, aquí: inteligencia.
oficio, trabajo.
ser un águila, ser muy inteligente.
devoto, persona que reza con piedad.
Galeno, médico famoso de Grecia (131–201).

A todo el que le decía que sufría de algún mal, le decía mi amo:

«Haced esto, haréis lo otro». Con todo esto la gente andaba siempre detrás de él, especialmente las mujeres que creían todo cuanto les decía. De las mujeres sacaba mucho dinero y ganaba más en un mes que cien ciegos en un año.

Pero también quiero que sepa vuestra merced que con todo lo que tenía jamás vi un hombre tan *avariento,* tanto que me mataba de hambre y no me daba ni siquiera lo necesario. Digo verdad: si yo no hubiera sabido valerme por mi mismo, muchas veces hubiera muerto de hambre; pero con todo su saber, las más de las veces yo llevaba lo mejor. Para esto le hacía *burlas,* de las cuales contaré algunas.

El ciego llevaba el pan y todas las otras cosas que le daban en un *fardel* de tela que por la boca se cerraba con una *argolla* con su *candado* y llave. Metía las cosas y las sacaba con tanto cuidado que no era posible

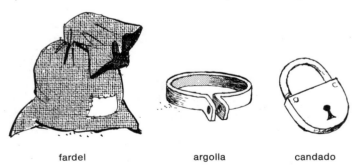

| fardel | argolla | candado |

---

avariento, que lo quiere todo para sí, *avaricia,* deseo de tener riquezas para guardarlas.

burla, acción con la cual se quiere engañar a alguien; *burlar,* engañar.

quitarle una *migaja*. Pero yo tomaba lo poco que me daba y lo comía en dos *bocados*. Después que cerraba el fardel con el candado se quedaba tranquilo pensando que yo estaba haciendo otras cosas, pero yo por un lado del fardel que muchas veces *descosía* y volvía a *coser* le sacaba el pan y la *longaniza*.

Solía poner junto a sí un *jarrillo* de vino cuando comíamos. Yo lo cogía y bebía de él sin hacer ruido y lo volvía a poner en su lugar. Pero esto me duró poco, porque al ir a beber el ciego conocía la falta del vino y así por guardar el vino, nunca soltaba el jarro y lo tenía siempre cogido por el *asa*. Pero yo con una *paja*, que para ello tenía hecha, metiéndola por la *boca* del jarro, dejaba al viejo sin nada. Pero pienso que me sintió y desde entonces ponía el jarro entre las piernas y le tapaba con la mano y de esta manera bebía seguro.

Yo, como me gustaba el vino, moría por él; y viendo que la paja ya no me aprovechaba ni valía, decidí hacer en el fondo del jarro un agujero y taparlo con un poco de *cera*. Al tiempo de comer, me ponía entre las piernas del ciego, como si tuviera frío, para calentarme en la pobre *lumbre* que teníamos; al calor de la lumbre se deshacía la cera y comenzaba el vino a caerme en la

longaniza

migaja (= miga) la parte blanda del pan; aquí: algo muy pequeño.
bocado, lo que cabe en la boca en una sola vez.
descoser, lo contrario de *coser,* unir dos partes de una tela, para cerrarlas.
cera, materia blanda que hacen algunos insectos.

asa

jarrillo (jarro)

paja   boca

lumbre

boca y yo la ponía de tal manera que no se perdía ni una gota.

Cuando el pobre ciego iba a beber no encontraba nada. Se *desesperaba* no sabiendo qué podía ser.

– No diréis, tío, que os lo bebo yo – decía – pues no soltáis el jarro de la mano.

Tantas vueltas le dio al jarro que encontró el agujero, al poner el dedo en él, comprendió el engaño, pero aunque él supo lo que era, hizo como si no hubiera visto nada. Y al otro día, me puse como de costumbre,

---

deseperarse, perder la paciencia.

2*

19

sin pensar lo que el ciego me estaba preparando, y creyendo que el mal ciego no me sentía. Y estando recibiendo aquellas dulces gotas, mi cara puesta hacia el cielo, un poco cerrados los ojos para mejor gustar del vino, el desesperado ciego, levantando con toda la fuerza de sus manos el jarro, le dejó caer sobre mi boca, ayudándose como digo con todo su poder, de manera que yo, pobre Lázaro, que nada de esto esperaba, sentí como si el cielo con todo lo que hay en él, me hubiese caído encima.

Fue tal el golpe que me hizo perder el *sentido* y el *jarrazo* tan fuerte que los pedazos del jarro se me metieron en la cara rompiéndomela en muchos lugares y rompiéndome también los dientes, sin los cuales hasta hoy me quedé.

Desde aquella hora quise mal al ciego, y aunque él me quería y me cuidaba bien, bien vi que se había alegrado mucho con el *cruel castigo*. Me lavó con vino las heridas que me había hecho con los pedazos del jarro y riéndose decía:

– ¿Qué te parece, Lázaro? Lo que te enfermó te pone sano y te da la salud.

Cuando estuve bueno de los golpes, aunque yo quería perdonarle lo del jarrazo, no podía por el mal trato que desde entonces me hizo el mal ciego: me *castigaba* sin causa ni razón y cuando alguno le decía que por qué me trataba tan mal contaba lo del jarro, diciendo:

– ¿Pensáis que este mi mozo es bueno? Pues oid.

---

sentido, conocimiento.

jarrazo, golpe dado con el jarro.
cruel, duro, fuerte.

castigo, pena que se impone al que ha hecho algo malo; *castigar,* imponer la pena.

Y los que le oían decían:

– ¡Mirad! ¿Y quién pensaría que un muchacho tan pequeño era tan malo? Castigadlo, castigadlo.

Y él al oír lo que la gente le decía otra cosa no hacía.

Yo por hacerle mal y daño siempre le llevaba por los peores caminos; si había piedras le llevaba por ellas. Con estas cosas mi amo me *tentaba* la cabeza con la parte alta de su palo de ciego que siempre llevaba con él. Yo tenía la cabeza llena de las señales de sus manos y aunque yo le juraba que no lo hacía por causarle mal sino por encontrar mejor camino, él no me lo creía: tal era el grandísimo entender de aquel mal ciego.

Y porque vea vuestra merced hasta dónde llegaba el ingenio de este hombre le contaré un caso de los muchos que con él me sucedieron.

Cuando salimos de Salamanca su idea fue venir a tierras de *Toledo* porque decía que la gente era más rica, aunque no era amiga de dar muchas *limosnas*. Fuimos por los mejores pueblos, si encontraba mucha ganancia nos quedábamos, si no la encontrábamos al tercer día nos íbamos.

Sucedió que llegando a un lugar que llaman *Almorox*, en el tiempo de las *uvas* le dieron un gran *racimo* de

racimo   uvas

---

tentar, tocar, aquí: golpear.

Toledo, Almorox, ver mapa en página 8.

limosna, el socorro que se da al pobre.

ellas. Como el racimo se le deshacía en las manos, decidió comerlo, por contentarme, pues aquel día me había dado muchos golpes. Nos sentamos y me dijo:

– Lázaro, ahora quiero que los dos comamos este racimo de uvas y que tengas de él tanta parte como yo. Será de esta manera: tú cogerás una uva y yo otra, pero sólo una, hasta que lo acabemos.

Dicho esto, comenzamos a comer, pero a la segunda vez el mal ciego cambió de idea y comenzó a coger de dos en dos, pensando que yo estaba haciendo lo mismo. Como vi que él hacía esto, yo hacía más: comía de dos en dos o de tres en tres.

Cuando acabamos de comer las uvas me dijo:

– Lázaro, me has engañado. Tú has comido las uvas de tres en tres.

– No comí – dije yo – pero, ¿por qué lo piensa así vuestra merced?

– ¿Sabes en qué veo que comiste las uvas de tres en tres? – respondió él – En que yo las comía de dos en dos y tú callabas.

Yo me reía, y aunque muchacho bien comprendí que mi amo era hombre que conocía el mundo.

Pero por no ser *prolijo,* dejo de contar aquí muchas cosas que me sucedieron con este mi primer amo y quiero decir cómo me despedí de él.

Estábamos en el mesón de *Escalona* y me dio un pedazo de longaniza para que se la *asase,* después me dio dinero y me mandó a buscar vino. Mas el demonio quiso que cuando salía a buscar el vino viese en el suelo

---

prolijo, aquí: extenso en el contar.

Escalona, ver mapa en página 8.

asar, preparar una cosa para comerla poniéndola al fuego; *asador,* lo que sirve para poner al fuego lo que se asa.

rebanada

nariz

pelo

nabo

asador

un *nabo* pequeño, largo y malo, que alguien había dejado en el suelo por ser tan malo y como estuviésemos solos el ciego y yo, teniendo yo dentro el olor de la longaniza y sabiendo que había de gozar sólo del olor, no mirando lo que me podía suceder, mientras el ciego me daba el dinero para comprar el vino, saqué la longaniza del *asador* y metí en él el nabo. Mi amo tomó el asador y empezó a darle vueltas al fuego, queriendo asar al que por malo nadie había querido comer.

Yo fui a buscar el vino con el cual no tardé en comer la longaniza y cuando volví vi que mi amo tenía el nabo entre dos *rebanadas* de pan, el cual no había conocido porque no había tocado con la mano. Al *morder* en las rebanadas de pan, pensando morder también la longaniza, se encontró con el nabo frío y dijo:

– ¿Qué es esto, Lazarillo?

– ¡Pobre de mí! – dije yo – Yo ¿no vengo de comprar el vino? Alguno que estaba aquí ha hecho esta burla.

– No, no, – dijo él – que yo no he dejado de la mano el asador ni un solo momento; no es posible.

Yo juraba y volvía a jurar que estaba libre de aquello, pero poco me aprovechó pues al maldito ciego nada se le escondía.

Se levantó, me cogió la cabeza con sus manos, me abrió la boca y metió en ella su larga *nariz*. Con esto, como la longaniza no había hecho asiento aún en el *estómago,* salió de él por mi boca al mismo tiempo que su nariz, dándole en ella.

– ¡Oh gran Dios, quién estuviera en aquella hora muerto! Fue tal su *coraje* que si no acudiera gente al ruido y me sacara de sus manos, que estaban llenas de los pocos *pelos* que yo tenía, pienso que hubiera dejado allí la vida.

Contaba el maldito ciego a todos los que allí llegaban lo del jarro y lo del racimo. La risa de todos era tan grande que la gente que pasaba por la calle entraba a ver la fiesta.

La *mesonera* y los demás que allí estaban nos hicieron amigos y con el vino que había ido a comprar para beber, me lavaron la cara. El ciego se reía y decía:

---

morder, coger con los dientes.

nariz, pelo, ver ilustración en página 23.

estómago, parte del cuerpo a donde llega la comida desde la boca.

coraje, rabia.

mesonera, mujer que cuida el mesón.

– De verdad este mozo me gasta en lavarle más vino en un año que el que yo bebo en dos.

Y volviéndose a mí me decía:

– En verdad, Lázaro, más le debes al vino que a tu padre, porque aquél una vez te dio la vida, mas el vino mil veces te la ha dado. Y contaba, riendo, cuántas veces me había herido la cara y me la había curado con vino.

Y los que me estaban lavando la cara reían mucho. Sin embargo yo muchas veces me acuerdo de aquel hombre y me pesa de las burlas que le hice, aunque también es verdad que bien lo pagué.

Visto todo esto y el mal trato que me daba yo había decidido dejarle, como lo hice. Y fue así, que luego otro día anduvimos por la calle pidiendo limosna. Era un día en que *llovía* mucho y como la noche iba llegando me dijo:

– Lázaro, esta agua no deja de caer, y cuando sea más de noche, la *lluvia* será más fuerte. Vámonos a la *posada* con tiempo.

Para ir a la posada había que pasar un *arroyo* que con la mucha lluvia era bastante grande entonces.

Yo le dije:

– Tío, el arroyo va muy ancho, pero si así lo queréis, veo un sitio por donde podremos pasar más pronto sin mojarnos porque allí el arroyo es más estrecho y saltando no nos mojaremos.

Le pareció bien y dijo:

– Piensas bien, por eso te quiero. Llévame a ese lugar por donde el arroyo se estrecha que ahora es invierno

---

llover, caer agua del cielo.

lluvia, arroyo, ver ilustración en página 26.

posada, mesón.

lluvia

POSADA

poste   arroyo

y sabe mal el agua, y peor sabe llevar los pies mojados.

Yo lo llevé derecho a un *poste* de piedra que había en la plaza y le dije:

– Tío, este es el paso más estrecho que hay en el arroyo.

Como llovía mucho y él se mojaba, con la prisa que llevábamos por salir del agua que nos caía encima y, lo más principal, porque Dios le cegó el entendimiento y creyó en mí dijo:

– Ponme bien derecho y salta tú el arroyo.

Yo le puse bien derecho enfrente del poste, di un salto y me puse detrás del poste. Desde allí le dije:

– Salte vuestra merced todo lo que pueda.

Apenas lo había acabado de decir cuando el pobre ciego saltó con tal fuerza que dio con la cabeza en el poste y cayó luego para atrás medio muerto y con la cabeza rota.

Yo le dije:

– ¿Cómo olió vuestra merced la lonzaniza y no el poste? ¡Oled! ¡Oled!

Y le dejé con mucha gente que había ido a ayudarle. Antes de que la noche llegase, llegué yo a *Torrijos*. No supe nunca lo que hizo Dios con el ciego, ni me ocupé nunca de saberlo.

Torrijos, ver mapa en página 8.

Preguntas

1. ¿Quién fue Lázaro? ¿Dónde nació? ¿Quiénes fueron sus padres y cuál fue el oficio de éstos?

2. ¿Cómo era el hermano de Lazarillo y quién fue su padre?

3. ¿Por qué se fueron de Salamanca Lazarillo y su amo?

4. Describa lo que el ciego le hizo a Lázaro cuando pasaron por delante del toro del puente.

5. ¿Cómo le devolvió Lázaro a su amo la enseñanza recibida?

6. ¿Cómo era el carácter del ciego? Hable de sus rasgos más señalados.

7. ¿Cómo trata el ciego a su criado? ¿Cómo trata el criado al ciego?

8. Explique cómo hacía Lázaro para poder beberle el vino al ciego, y qué castigo recibió por ello.

9. ¿Cómo supo el ciego que Lazarillo comía más uvas que él?

10. Refiera lo que le hizo Lázaro al ciego con la longaniza, y las consecuencias que tuvo el hecho para Lázaro.

11. ¿Cómo es la infancia de Lazarillo?

12. ¿Cómo se despidió Lazarillo de su amo?

13. ¿Cómo juzga usted esta despedida?

14. ¿A dónde se fue Lázaro después de abandonar a su amo?

DE CÓMO LÁZARO SIRVIÓ A UN *CLÉRIGO* Y DE LO QUE LE SUCEDIÓ CON ÉL.

Como me pareció que allí no estaba seguro, al día siguiente me fui a un lugar llamado *Maqueda* a donde me encontré con un clérigo a quien pedí limosna. Él me preguntó si yo sabía ayudar a *misa*. Yo le dije que sí, como era verdad, que aunque el ciego me pegaba, me enseñó también muchas cosas buenas y ésta fue una de ellas. Finalmente el clérigo me recibió en su casa para su servicio.

Dejé al ciego porque era muy avaro y caí con éste que era mucho más avaro todavía; comparado con éste, aquél era un *Alejandro Magno*.

Mi nuevo amo tenía un *arca* vieja de la cual él siempre llevaba la llave y cuando llegaba a casa algún pan de los que le daban en la iglesia lo echaba en el arca y después de hacerlo la volvía a cerrar con llave. En toda la casa no había cosa alguna que comer como suele haber en otras: algún *canastillo* con los pedazos de pan que quedan de la mesa. Lo único que había era unas *cebollas* en un cuarto, en la parte alta de la casa, la llave de cuya puerta llevaba él siempre consigo. De estas cebollas tenía yo una para cuatro días y cuando le pedía la llave para ir por ella, si alguna persona estaba presente, me daba la llave y decía:

---

clérigo, cura, ver ilustración en página 60.

Maqueda, ver mapa en página 8.

misa, acto religioso central en que el cura ofrece a Dios el cuerpo y la sangre de Jesucristo.

Alejandro Magno, rey de Macedonia (356–323 a.d.C.), ejemplo de hombre muy generoso.

– Toma y devuélmela enseguida.

Decía esto como si allí hubiera muchas cosas que comer, con no haber más que las malditas cebollas las cuales tenía él bien contadas.

Allí yo me moría de hambre. Después de estar con él tres semanas, casi no podía tenerme en las piernas del hambre que tenía. Vi que, si Dios y mi saber no me ayudaban, iba a morir.

Nunca me mandó a comprar vino y para ocultar su *avaricia* me decía:

– Mira, mozo, los *sacerdotes* tenemos que ser muy *templados* en el comer y en el beber, por eso yo no como sin medida como lo hacen otros.

Pero en esto decía mentira, porque cuando íbamos a

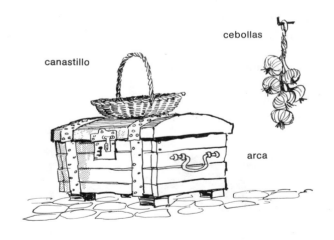

cebollas

canastillo

arca

---

avaricia, ver nota en página 17.

sacerdote, clérigo, cura.

templado, ni muy frío ni muy caliente; Aquí: que no come ni bebe mucho.

rezar a la casa de alguno que había muerto comía como un *lobo*.

Y yo, Dios me perdone, nunca fui enemigo de los hombres más que el tiempo que estuve con este clérigo. Cada día le pedía a Dios que matase a alguien y esto era porque cuando alguno moría íbamos a rezar a su casa y comíamos bien.

Y en todo el tiempo que allí estuve, que serían seis meses, sólo se murieron veinte personas y éstas bien creo yo que murieron porque así se lo pedía yo a Dios. Los días que *enterrábamos* a alguien yo vivía, los días que no había muerto para enterrar yo volvía a mi hambre. Y ésta era tanta que muchos días yo deseaba mi propia muerte.

Pensé muchas veces dejar a este amo, pero no podía moverme del hambre que tenía y también tenía mucho miedo pensando que con el ciego pasaba hambre y que con mi segundo amo casi moría de ella y que si el tercero era peor ¿qué sería de mí?

Pues estando así y sin saber qué hacer ni qué camino tomar un día que mi amo había ido fuera del pueblo, llegó a mi puerta un *calderero* el cual yo creo que fue *ángel* enviado a mí por la mano de Dios.

lobo   ángel

---

enterrar, poner algo o a alguien debajo de la tierra.
calderero, hombre que hace o arregla *calderos.*

caldero   escoba

Me preguntó si tenía alguna cosa que arreglar.

Yo le dije:

– Tío, he perdido una llave de este arca y temo que mi amo me castigue. Vea si alguna de las llaves que trae sirve para el arca que yo se la pagaré lo mejor que pueda.

Comenzó a probar una y otra de las llaves que traía hasta que con una de ellas abrió el arca. Yo le dije:

– No tengo dinero para pagar la llave, pero en pago podéis tomar de lo que hay en el arca.

Él cogió un pan de aquellos y dándome la llave se fue muy contento dejándome a mí más contento todavía.

Por el momento, para que no se conociera la falta, no toqué nada. Volvió mi amo a casa, pero no miró en el arca y de esta manera no vio que faltaba el pan que el calderero se había llevado.

Al día siguiente, cuando el clérigo salió de casa yo abrí el arca y cogí entre mis manos y dientes un pan. No lo comí en seguida y tampoco se me olvidó cerrar el arca. Después de cerrada el arca empecé a *barrer* la casa con mucha alegría y todo el día estuve muy con-

---

barrer, limpiar con una *escoba.*

tento, pues me parecía que mi triste vida había terminado.

Pero el bien no me duró mucho tiempo, pues al tercer día vi al clérigo contando y recontando los panes del arca. Después de haber contado los días y los panes, se quedó un rato pensando, sin decir ni una palabra. Al fin dijo:

– Si no tuviera este arca tan bien cerrada diría que me habían sacado panes de ella. Desde hoy voy a tener cuenta: quedan nueve panes y un pedazo.

Cuando salió mi amo yo abrí el arca y cuando vi los panes empecé a contarlos, pensando que el clérigo se hubiera equivocado, pero no fue así. Lo más que pude hacer fue cortar del pedazo un poco de pan, lo menos posible. Con lo que corté pasé el día entero.

Pero el hambre era cada vez mayor y además tenía el estómago acostumbrado a más pan por aquellos dos o tres días que ya he dicho y yo moría de muy mala muerte, tanto que ya no hacía otra cosa que mirar y mirar los panes, la cara de Dios, como dicen los niños. Pasaba el día abriendo y cerrando el arca.

Mas el mismo Dios me ayudó una vez más y fue que trajo a mi memoria un pensamiento: «Este arca es vieja y grande y está rota por algunas partes y tiene agujeros pequeños en muchos sitios. Se puede pensar que los *ratones* entran por algún agujero y comen el pan. Sacarlo entero no puedo porque mi amo conocerá la falta».

De esta manera comencé a *desmigajar* el pan sobre unos *manteles* que en el arca había. Comí las migas y el hambre se me pasó un poco.

---

desmigajar, deshacer algo en migas.
mantel, tela con que se cubre la mesa para comer.

Cuando el clérigo vino a comer abrió el arca y vio lo que había pasado creyó, sin duda, que habían sido los ratones. Miró el arca por todas partes y vio unos agujeros por donde pensó que habían entrado los ratones.

Me llamó diciendo:

– ¡Lázaro! Mira, mira lo que le ha pasado esta noche a nuestro pan.

Yo le pregunté qué podía ser.

– ¿Qué puede ser? – dijo él – Ratones que no dejan ni una cosa viva.

Empezamos a comer y Dios quiso que yo tuviera mucha suerte, pues me dio más pan que otras veces porque cortó con un cuchillo todo lo que pensó que había sido mordido por los ratones y me dijo:

– Lázaro, cómete eso, que el ratón es cosa limpia.

Y así se pasó la comida.

Después de comer quitó *clavos* de la paredes y buscó pedazos de madera y cerró todos los agujeros del arca.

«¡Oh, Dios y señor mío! – dije yo entonces – ¡A cuánta miseria estamos puestos los nacidos y qué poco duran los placeres de esta vida trabajosa!».

Cuando el clérigo salió de casa fui a ver su obra y vi que no había dejado sin tapar ni un solo agujero.

Como la necesidad es tan gran maestra, noche y día los pasaba yo pensando en la manera de poder comer. Estando una noche con este pensamiento sentí que mi amo dormía. Me levanté muy despacio, cogí un cuchillo

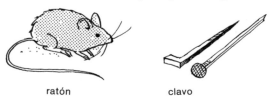

ratón   clavo

viejo que yo había dejado en lugar donde pudiera encontrarlo y me fui al arca. Como era muy vieja pude hacer en un lado un buen agujero en la madera. Hecho esto, abrí muy despacio el arca y del pedazo de pan que había en ella cogí un poco. Después cerré el arca y me fui a mis *pajas* en las cuales reposé y dormí un poco.

Al otro día, visto el daño por mi amo, tanto del pan como del agujero comenzó a gritar, a maldecir a los ratones y decir a grandes voces:

– ¿Qué diremos a esto? Nunca he sentido ratones en esta casa sino ahora.

Y sin duda debía ser verdad lo que mi amo decía porque los ratones no suelen vivir donde no hay nada que comer.

Volvió a tapar los agujeros del arca con nuevos clavos y con más madera. Todo lo que él tapaba de día, yo lo destapaba con mi cuchillo de noche. De tal manera fue y tal prisa nos dábamos en hacer cada uno lo suyo que sin duda por esto se debió decir: «*Donde una puerta se cierra, otra se abre*».

Cuando el pobre de mi amo vio que su *remedio* no le aprovechaba dijo:

– Este arca es tan vieja que no habrá ratón que no pueda entrar en ella. Y lo peor es que, aunque es vieja, si me falta, hará que tenga que gastar tres o cuatro *reales* que es lo que me costará una nueva. El mejor remedio que hallo, pues el que he usado hasta aquí no aprovecha, es poner una *ratonera*.

---

pajas, aquí: cama hecha de pajas, ver ilustración en página 19.
«Donde una puerta se cierra otra se abre» refrán con el que se indica que si una cosa sale mal, otra saldrá bien.
remedio, lo que se hace para librarse de un daño.
real, moneda (= dinero) antigua.

Buscó prestada una ratonera y con *cortezas* de *queso* que pedía a los vecinos tenía armada la ratonera continuamente, dentro del arca.

Yo sacaba las cortezas de queso de la ratonera, las comía y además *ratonaba* el pan.

Como el pobre de mi amo hallaba el pan ratonado, el queso comido y que el ratón no caía en la ratonera estaba casi siempre desesperado. Preguntaba a los vecinos cómo podría ser que el ratón comiese las cortezas de queso sin caer en la ratonera. Los vecinos pensaron que no debía ser un ratón el que hacía este daño, porque si fuera un ratón alguna vez habría caído en la ratonera.

Un vecino le dijo:

– Yo me acuerdo de que en vuestra casa solía andar una *culebra*. Ésta debe ser, sin duda, la que come el pan y como es larga puede comer las cortezas sin caer en la ratonera y como no entra toda ella dentro, se vuelve a salir.

A todos les pareció bien lo que el vecino dijo y desde aquel día mi amo ya no pudo dormir. Cualquier ruido que sonase de noche pensaba él que podía ser la culebra y con un palo fuerte daba grandes golpes en el arca, pensando *espantar* a la culebra.

Los golpes despertaban a los vecinos y a mi no me

ratonera   queso   culebra

---

corteza, la parte exterior y generalmente dura de algo.
ratonar, morder como lo hacen los ratones.
espantar, asustar.

dejaban dormir. Mi amo se iba a mis pajas y les daba la vuelta, moviéndolas muchas veces, pensando que la culebra se iría allí buscando el calor, pues dicen que estos animales buscan siempre el calor porque son muy fríos.

Yo la mayor parte de las veces hacía como si estuviese dormido y por la mañana mi amo me decía:

– Mozo ¿no sentiste nada esta noche? Pues anduve buscando la culebra y aun pienso que debe de irse contigo a la cama porque estos animales buscan siempre el calor.

– Dios quiera que no me muerda – decía yo –, pues le tengo mucho miedo.

De esta manera andaba el pobre toda la noche levantado y sin poder dormir, y así la culebra o culebro no podía levantarse por la noche para ir al arca; pero de día mientras él estaba en la iglesia yo hacía lo que me aprovechaba.

Viendo que los daños que hacía la culebra, no podía él remediarlos de ninguna manera andaba toda la noche levantado.

Yo tuve miedo de que buscando la culebra me encontrase la llave que yo tenía guardada debajo de las pajas, por lo cual me pareció que estaría más segura si me la metía en la boca porque ya desde que vivía con el ciego la tenía hecha *bolsa* que a veces tuve en ella hasta quince *maravedís,* sin que me estorbasen para comer.

Pues así como digo, metía cada noche la llave en la boca y dormía sin miedo de que mi amo pudiese encontrarla; mas cuando la desgracia ha de venir no se puede

---

bolsa, fardel; aquí: más pequeño y para guardar el dinero.
maravedí, moneda antigua.

hacer nada. Quiso mi mala suerte que una noche que estaba durmiendo, la llave se me pusiera en la boca, que debía de tener abierta, de tal manera que el aire que yo durmiendo echaba salía por lo *hueco* de la llave y silbaba muy fuerte, de tal manera que mi amo lo oyó y creyó sin duda que era el *silbo* de la culebra.

Se levantó muy despacio cogió el palo y con el palo en la mano iba siguiendo el sonido de la culebra. Así se llegó a donde yo estaba muy despacio para no ser sentido por la culebra.

Pensó que ella se habría venido al calor de las pajas y que estaba entre ellas. Levantó bien el palo y pensando darle tan fuerte que la matara, me dio con toda su fuerza tal golpe en la cabeza que me dejó sin sentido. Como sintió que me había dado, según yo debía hacer sentimiento dijo que él se había acercado a mí y que llamándome con grandes voces había querido despertarme. Pero como me tocase con las manos, pues yo no me movía, y tocase la mucha sangre que salía de mi cabeza conoció el daño que me había hecho y con mucha prisa fue a buscar una *vela* y llegando con ella me encontró quejándome y con la llave en la boca, la mitad fuera de la manera que debía estar cuando silbaba con ella.

vela

---

hueco, la parte de la llave que está abierta y vacía.
silbo, ruido que hace el aire al pasar por los labios casi cerrados; *silbar,* hacer este ruido.

Espantado el *matador* de culebras de qué podía ser aquella llave, la miró, sacándola de mi boca y vio lo que era porque era igual que la suya. Fue a probarla al arca y debió decir: «el ratón y la culebra que me daban guerra y me comían mi *hacienda* he hallado».

De lo que sucedió en los tres días siguientes no diré nada porque los pasé sin sentido, pero cuando *volví en mí* oí que mi amo contaba a todos los vecinos esto que he dicho.

A los tres días volví en mi sentido y me vi echado en mis pajas con la cabeza *emplastada* y dije:

– ¿Qué es esto?

Respondió el sacerdote:

– La culebra y los ratones que me destruían el arca y me comían el pan los he cazado ya.

Al oir esto vi claro cuál era mi mal.

A esta hora entró una vieja que era la que me había curado y empezó a quitarme los emplastos de la cabeza y a curarme el golpe.

Como todos los vecinos vieron que había vuelto en mí se alegraron mucho y dijeron:

– Pues ha vuelto en su sentido, Dios querrá que no sea nada.

Y empezaron a contar de nuevo mis desgracias y a reirse y yo a llorarlas. Con todo esto, me dieron de comer pues estaba muerto de hambre y así a los quince días me levanté y estuve sin peligro, pero no sin hambre.

---

espantado, aquí: asustado.

matador, el que mata.

hacienda, lo que se tiene y posee; aquí: comida.

volver en sí, volver a tener, recobrar, el sentido, el conocimiento.

emplastada, con *emplastos,* masa hecha con hierbas, mezcladas y que sirve para curar.

Al día siguiente de levantarme el señor mi amo, me tomó por la mano, me sacó a la puerta de la calle y puesto allí me dijo:

– Lázaro, desde hoy eres tuyo y no mío. Busca amo y vete con Dios. No te quiero conmigo que tal como tú eres, no es posible sino que hayas sido mozo de ciego.

Y se metió en su casa, cerrando la puerta.

Preguntas

1. ¿Quién fue el segundo amo de Lazarillo?

2. ¿Por qué estaba contento Lazarillo cuando alguien se moría?

3. ¿De qué medios se valió Lázaro para abrir el arca del pan?

4. ¿De qué manera hacía Lázaro para comer el pan sin que su amo pensase que era Lazarillo quien lo comía?

5. Describa el conflicto del amo.

6. ¿Cuál fue la actitud del amo para librarse de los ratones?

7. Explique por qué creyó el amo que eran los ratones los que le comían el pan, no siendo así.

8. Explique por qué pensó el amo de Lazarillo que podría ser una culebra la que le comía el pan ¿Qué actitud tomó ante esta posibilidad?

9. ¿Qué le pasó a Lázaro con la llave del arca?

10. ¿Cuál fue el principal problema para Lázaro en casa del clérigo?

11. Describa el carácter del clérigo y la vida que hacía.

12. ¿Cómo terminó el servicio de Lázaro esta vez?

13. ¿A dónde se dirigió Lazarillo?

DE CÓMO LÁZARO SIRVIÓ A UN *ESCUDERO* Y DE LO QUE LE SUCEDIÓ CON ÉL.

De esta manera tuve que sacar fuerzas de *flaqueza*, y poco a poco, con la ayuda de las buenas gentes, llegué a esta famosa ciudad de *Toledo,* adonde, con la ayuda de Dios, pasados quince días se me cerró la herida.

Mientras había estado enfermo siempre me daban limosna, pero cuando ya estaba sano todos decían:

– Tú pides limosna porque no quieres trabajar. Busca, busca un buen amo a quien sirvas.

– ¿Y dónde lo encontraré yo – me decía a mí mismo –, si Dios no lo criase ahora de nuevo, como crió el mundo?

Andando por las calles y yendo de puerta en puerta con muy poco remedio, porque la *caridad* se subió al cielo, Dios me hizo *topar* con un escudero que iba por la calle.

El escudero iba bastante bien vestido, bien peinado y con el paso igual y en orden.

Me miró y yo le miré a él, y me dijo:

– Muchacho, ¿buscas amo?

escudo

---

escudero, el que lleva el *escudo* al caballero; aquí: *hidalgo,* persona que por su sangre era noble.

flaqueza, aquí: debilidad.

Toledo, ver mapa en página 8.

caridad, amor al prójino.

topar, encontrarse con alguien sin esperarlo.

Yo le dije:

– Sí, señor.

– Pues ven detrás de mí – me respondió –, que Dios te ha hecho mucho favor hoy al hacer que te toparas conmigo. Alguna buena oración has rezado esta mañana.

Yo le seguí dando gracias a Dios por lo que le oí, y también porque, según su vestido, me pareció ser el amo que yo necesitaba.

Era por la mañana cuando yo me encontré con mi nuevo amo, con mi tercer amo. Me llevó detrás de él por gran parte de la ciudad.

Pasamos por las plazas donde se vendían pan y otras cosas. Yo pensaba, y aún deseaba, que allí me quería cargar de todo lo que se vendía, porque era ésta la hora en que la gente compra lo necesario para la comida; pero él pasaba por delante de estas cosas sin mirar para ellas y a paso largo.

«Lo que ve aquí no le gusta – decía yo entre mí – y querrá que lo compremos en otro lugar.»

De esta manera anduvimos por la ciudad hasta las once. Entonces se entró en la iglesia mayor y yo detrás de él. Oyó misa y allí estuvimos hasta que todo fue acabado y hasta que la gente se hubo ido. Entonces salimos de la iglesia y a buen paso largo comenzamos a ir por una calle abajo. Yo iba lo más alegre del mundo al ver que no nos habíamos ocupado en buscar que comer.

Pensé que mi nuevo amo debía ser hombre de los que compraban la comida toda junta y que ya la comida estaría preparada como yo lo deseaba y aun lo necesitaba.

En este tiempo el *reloj* dio la una, después del mediodía, y llegamos a una casa ante la cual se paró mi amo y

44

campana · reloj · quicio · capa · jubón · calzas · espada

yo con él y *derribando* el extremo de la *capa* sacó una
llave de la *manga* y abrió la puerta. Entramos en la casa.
La casa tenía la entrada oscura de tal manera que

---

derribar, aquí: bajar el extremo de la capa para tener la mano libre.

45

ponía miedo a los que en ella entraban aunque dentro de ella había un patio pequeño y unas habitaciones bastante buenas.

Después que entramos se quitó la capa con mucho cuidado y preguntándome si tenía las manos limpias, la *sacudimos* y, soplando un *poyo* que allí había la pusimos encima de él.

Hecho esto se sentó cerca de la capa y me preguntó de dónde era y cómo había llegado a aquella famosa ciudad. Yo le contesté lo mejor que pude, aunque pensaba que más bien era hora de mandar poner la mesa y de sentarse a ella, que de hablar de todas aquellas cosas.

Con todo, yo le hablé de mi persona como mejor me pareció diciendo mis bienes y callando mis males porque éstos me parecía que no eran para contarlos allí. Hecho esto eran ya casi las dos y a mí me pareció muy mala señal el ver que no poníamos la comida en la mesa.

Además de esto, la puerta estaba cerrada con llave y no se oían ni arriba ni abajo pasos de persona viva que anduviese por la casa. Todo lo que había visto eran paredes sin que hubiera en la casa ni una silla, ni una mesa ni siquiera un arca como la del clérigo.

Estando así los dos, hablando y sentados, me dijo:

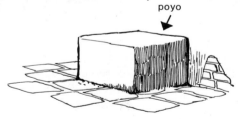
poyo

---

sacudir, aquí: dejar limpia.

– Tú, mozo, ¿has comido?

Yo le contesté:

– No, señor, que todavía no eran las ocho cuando me encontré con vuestra merced.

Él me respondió:

– Pues, aunque era muy temprano, yo ya había *almorzado,* y, cuando como algo por la mañana, has de saber, que me estoy hasta la noche sin comer nada más. Por eso, pásate ahora como puedas que a la noche *cenaremos.*

Vuestra merced puede creer que cuando oí esto, me faltó poco para perder el sentido, no tanto de hambre cuanto por ver que la fortuna me era en todo contraria. Allí vi de nuevo mis trabajos pasados, allí lloré mi vida pasada llena de trabajos y mi muerte venidera.

Con todo le dije:

– Señor, mozo soy que no me fatigo mucho en comer, bendito Dios: de eso me puedo *alabar* entre todos mis iguales y también de ser el de mejor garganta y por ello fui admirado hasta hoy día por todos los amos que he tenido.

Él me dijo:

– Eso es una gran virtud, y por eso te querré yo más: porque el comer demasiado es propio de los animales y el comer con medida es propio de los hombres de bien.

«¡Bien te he entendido!» – dije yo para mí – «¡Maldito sea el bien que encuentran todos mis amos en el hambre!»

Me senté a un lado, en el suelo, y saqué unos pedazos de pan que las buenas gentes me habían dado cuando pedía limosna. Cuando mi amo vio esto me dijo:

---

almorzar, comer el *almuerzo,* comida que se hace por la mañana temprano.
cenar, comer la *cena* o comida de la noche.
alabar, aquí: estar orgulloso de la bondad propia.

– Ven acá, mozo ¿qué comes?

Yo me acerqué a él y le enseñé el pan. Cogió un pedazo, el mejor y más grande de los tres que tenía, lo miró muy despacio y me dijo:

– Por mi vida, que este pan parece bueno.

Yo le dije:

– ¡Y cómo, señor, es bueno!

Entonces él siguió mirando el pan y me preguntó:

– ¿Dónde lo compraste? ¿Estará *amasado* con manos limpias?

Yo respondí:

– Esto no lo sé yo, señor. Pero este pan a mí me sabe muy bien.

– Así debe ser – dijo el pobre de mi amo.

Y llevándoselo a la boca comenzó a dar en él tan grandes bocados como yo en el otro.

Mi amo dijo:

– Lázaro, está muy bueno este pan, por Dios.

Yo, como comprendí lo que le pasaba me dí prisa porque lo vi con intención, si acababa antes que yo, de comerse todo el pan.

Y con esto acabamos casi a la una. Con las manos empezó a sacudir las pocas migas, y muy pequeñas, que le habían quedado sobre la ropa.

Hecho esto entró en el cuarto que había al lado y sacó un jarro, no muy nuevo, y bebió de él. Cuando hubo bebido me lo dio para que yo bebiese.

Yo, por parecer mejor le dije:

– Señor, no bebo vino.

– Agua es – me respondió – bien puedes beber.

Entonces tomé el jarro con las dos manos y bebí.

---

amasar, hacer el pan.

48

No mucho.

De esta forma estuvimos hablando de las cosas que él me preguntaba y a las cuales yo respondía lo mejor que supe.

Me mandó entrar en el cuarto de donde había sacado el jarro y me dijo:

– Mozo, ponte ahí y verás como hacemos esta cama, para que la sepas hacer de aquí en adelante.

Yo me puse a un lado y él a otro e hicimos la cama, en la cual no había mucho que hacer porque tenía sobre unos *bancos* un *cañizo* sobre el cual estaba tendido el *colchón*. El colchón era muy malo, pues tenía mucha menos lana de la que era necesaria.

Quisimos arreglarlo, pero era imposible, porque lo duro mal se puede hacer *blando;* sobre el colchón pusimos una manta cuyo color no pude distinguir muy bien.

Hecha la cama me dijo:

– Lázaro, ya es tarde y la plaza está lejos; también en esta ciudad hay muchos *ladrones* que salen por la noche a robar las capas; pasemos esta noche de la mejor manera que podamos, que mañana veremos; porque

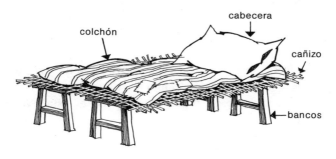

blando, lo contrario de duro.
ladrón, el que coge lo que es de otro *(= roba).*

yo como vivo solo, no tengo *provisiones,* en casa, antes he comido fuera de ella estos días, pero ahora vamos a hacerlo de otra manera.

– Señor – dije yo – no tenga vuestra merced ninguna pena por mí, que bien sé pasar una noche y más si fuera necesario, sin comer.

– Vivirás más sano – me respondió – porque, como decíamos hoy, no hay mejor cosa en el mundo para vivir mucho, que el comer poco.

«Si es por este camino», dije yo entre mí, «nunca yo moriré que siempre he guardado esa regla por fuerza, y aún espero tener que guardarla toda la vida.»

Con esto nos acostamos.

Mi amo se acostó en la cama poniendo por *cabecera* las *calzas* y el *jubón.* Dijo que me acostase a sus pies, lo cual yo hice. Pero no dormí en toda la noche, pues como aquel día tampoco había comido, el hambre y la cama, que era tan mala, no me dejaban dormir. Maldíjeme mil veces, Dios me lo perdone, y maldije otras tantas a mi mala fortuna, y lo peor, sin moverme en toda la noche para no despertar a mi amo, pedí a Dios muchas veces la muerte.

Venida la mañana nos levantamos y él empezó a sacudir sus calzas, su jubón y su capa. Yo le servía de ayuda.

Se vistió muy a su gusto, se lavó, se peinó, se puso la *espada* y mientras se la ponía me dijo:

– ¡Oh, si supieses, mozo, qué espada es ésta! No la daría por nada del mundo.

---

provisiones, lo que es necesario para comer.

cabecera, ver ilustración en página 49.

calzas, jubón, espada, ver ilustración en página 45.

Teniéndola en sus manos, la acariciaba con los dedos y dijo:

– ¿La ves aquí? Con ella puedo partir un *copo de lana*.

Yo dije para mí:

– «Yo con mis dientes podría partir un pan».

Volvió a ponerse la espada y con el paso tranquilo, el cuerpo muy derecho, la cabeza alta, la punta de la capa sobre su hombro y a veces bajo el brazo, salió por la puerta diciendo:

– Lázaro, cuida la casa, mientras yo voy a oir misa y haz la cama. Vete también a buscar agua al río, que está aquí abajo, cierra la puerta con llave, no sea que nos lleven algo, y pon la llave aquí en el *quicio* para que si yo viniera mientras tú estás a buscar agua, pueda entrar.

Y diciendo esto se fue calle arriba tan contento que quien no le conociera pensaría que era un señor principal.

Yo me quedé diciendo:

«¡Bendito seas, Tú, Señor! que das la enfermedad y pones el remedio. ¿Quién verá a aquel mi señor, que no piense, según lo contento que él va, que anoche ha cenado bien, que ha dormido en buena cama y que ya, ahora, por la mañana va bien almorzado? ¡Grandes secretos son, Señor, los que *Vos* Hacéis y las gentes

copo de lana

---

quicio, ilustración en página 45.

vos, forma normal para dirigirse a Dios y a las personas superiores. Ver nota en página 9. Tener esto en cuenta para las formas en los verbos. También se empleaba como tratamiento de los superiores a los inferiores. A veces = vosotros.

ignoran! ¿A quién no engañará aquella buena figura con su capa? ¿Y quién pensará que aguel hombre pasó todo el día ayer con un pedazo de pan, que su criado Lázaro trajo un día entero entre su camísa y su cuerpo? Nadie por cierto. ¡Oh, Señor, y cuántos de estos debéis tener Vos por el mundo que sufren por la *honra* lo que no sufrirían por Vos!»

Yo estaba así en la puerta, pensando en estas cosas hasta que el señor, mi amo, dejó la larga y estrecha calle donde vivíamos. Entré en la casa, anduve por toda ella, sin encontrar nada. Hago la cama, cojo el jarro y me voy al río.

Cerca del río hay una *huerta* y allí vi a mi amo hablando con unas damas, de las que, al parecer, hay muchas en aquel lugar.

Y es que suelen ir las mañanitas de verano a almorzar, sin llevar qué, confiando en que no ha de faltar quien se lo dé, pues a esto las tienen acostumbradas los caballeros de esta ciudad.

Y como digo, él estaba entre ellas hecho un *Macías* y ellas que lo vieron tan enamorado, le pidieron para almorzar, como tenían por costumbre hacer con otros caballeros.

A mi amo, sintiendo que no tenía dinero, le dió tal frío que perdió el color de la cara y empezó a poner excusas. Las damas como vieron cuál era la enfermedad de mi amo, le dejaron y no siguieron pidiéndole.

Yo estaba comiendo unos *tronchos de berza,* que fueron mi desayuno; volví a casa sin ser visto por mi amo. Al

---

honra, buena opinión y fama adquirida por obrar bien. Estima propia.
huerta, lugar donde hay árboles que dan frutas.
Macías, trovador y poeta del siglo XVI, ejemplo de enamorado.

llegar a casa pensé barrer alguna parte de ella, pues buena falta hacía, mas no encontré con qué.

Me puse a pensar qué haría y me pareció bien esperar a mi amo hasta el medio día pues acaso trajera algo para comer.

Pero el tiempo pasaba y mi amo no llegaba.

Cuando vi que eran más de las dos y que mi amo no venía y que yo tenía hambre cerré la puerta, puse la llave donde me mandó y me fui a mi oficio.

Con voz baja y enferma empecé a pedir limosna en el nombre de Dios. Pedía por las puertas y sobre todo en las casas que me parecían más grandes. Como yo aprendí este oficio desde pequeño, quiero decir con mi gran maestro, el ciego, y lo aprendí tan bien, aunque en este pueblo no daban muchas limosnas ni había mucha caridad antes de las cuatro ya tenía yo bastante pan en el cuerpo y más en las mangas.

Volví a casa contento, y al pasar por la plaza pedí a una de las mujeres que allí estaban vendiendo, un pedazo de *uña de vaca* preparada para comerla.

Cuando llegué a casa ya estaba en ella el bueno de mi amo. Tenía ya su capa puesta en el poyo y estaba paseándose por el patio.

Cuando entré vino hacia mí. Pensé que quería reñirme

troncho de berza

uña de vaca

porque llegaba tan tarde. Pero no fue así. Me preguntó de dónde venía.

Yo le dije:

– Señor, hasta que el reloj dio las dos, estuve aquí esperando y cuando vi que vuestra merced no venía me fui por la ciudad a pedir limosna y las buenas gentes me han dado esto que veis.

Le enseñé el pan y el pedazo de uña de vaca. El mostró muy buena cara y dijo:

– Pues te he esperado para comer y cuando vi que no venías, comí yo solo. Tú haces como hombre de bien: más vale pedirlo por Dios que robarlo. Esto me parece bien, pero te pido que no sepan que vives conmigo, por lo que toca a mi honra, aunque bien creo que en este pueblo soy poco conocido. ¡Ojala que nunca hubiese venido a él!

Yo le contesté como mejor supe:

– De eso, señor, pierda vuestra merced cuidado, que yo nada tengo que decir a nadie.

Él me miró sin decir nada. Luego dijo:

– Ahora, pues, come, que pronto nos veremos sin necesidad. Aunque te digo, Lázaro, que desde que entré en esta casa nunca me ha ido bien. Pero te prometo que, terminado este mes, no me quedaré en ella, aunque me la den por mía.

Yo me senté a un extremo del poyo y empecé a sacar mis provisiones.

Empecé a cenar y a morder con ganas en el pan. Yo miraba al pobre de mi amo y veía que él no apartaba de mí los ojos.

Tanta lástima tenga Dios de mí, como yo tuve de él, porque comprendí el hambre que él estaba sintiendo, pues muchas veces yo había pasado por lo mismo.

Mientras yo estaba comiendo pensaba si sería bien decirle que comiera conmigo, pero como él había dicho que ya había comido yo temía que no aceptara. Finalmente yo deseaba que hiciera lo mismo que había hecho el día antes, pues esta vez había más que comer y la comida era mejor y mi hambre era menos.

Yo no sabía qué hacer, mas Dios quiso cumplir mi deseo, y aun pienso que el suyo, porque cuando empecé a comer, mi amo, que estaba paseándose se acercó a mí y me dijo:

– Te digo, Lázaro, que tienes en comer la mejor gracia que he visto en el mundo y en toda mi vida, y te digo que a cualquiera que te vea comer, le pondrás en gana de hacerlo, aunque no la tenga.

«La mucha que tú tienes», dije yo para mí, «hace que la mía te parezca buena».

Con todo, me pareció que debía ayudarle, pues él se ayudaba. Y pensándolo le dije:

– Señor, este pan está muy bueno, y esta uña de vaca está muy bien hecha.

Y él entonces me dijo:

– ¿Uña de vaca es, Lázaro?

– Sí, señor.

– Te digo, Lázaro, que es el mejor bocado del mundo y que no hay *faisán* que tan bien me sepa.

Entonces, yo, que estaba deseando ayudar al pobre de mi amo, le dije:

faisán

– Pues pruebe, señor, y verá cómo está.

Le puse en la mano la uña de vaca y tres o cuatro pedazos de pan de lo más blanco. Se sentó a mi lado y empezó a comer como persona que tiene mucha hambre.

Cuando acabó dijo:

– Este, Lázaro, es el mejor bocado. Por Dios, que me ha sabido como si hoy no hubiese comido nada.

Me pidió el jarro de agua y se lo di tal como lo había traido. Esta era señal de que, pues no le faltaba agua al jarro, mi amo no había comido.

Bebimos los dos y, muy contentos, nos fuimos a dormir como la noche pasada.

De esta manera estuvimos ocho o diez días. Mi amo se iba de casa contento por las mañanas, con aquel su paso igual, la cabeza levantada y la mano puesta en la espada. Yo me iba a mi oficio que era pedir limosna.

Muchas veces pensaba yo en mi suerte, en los amos que había tenido, en cómo vine a topar con uno, que no sólo no me daba de comer sino que tenía yo que buscar la comida para los dos. Con todo, yo le quería bien, pues veía que no tenía ni podía más. Y le tenía más lástima que *enemistad*. Y muchas veces por llevar a casa con qué él lo pasase mejor, yo lo pasaba mal.

Una mañana que se levantó en camisa y subió a lo alto de la casa para hacer sus necesidades, yo le desenvolví el jubón y las calzas que tenía en la cabecera de la cama y encontré una bolsilla sin señal de tener ni una moneda ni de haberla tenido durante mucho tiempo. «Éste, decía yo, es pobre y nadie da lo que no tiene, al ciego y al clérigo, que me mataban de hambre y eran

---

enemistad, no amistad.

avarientos, es justo no amar, pero a éste es muy justo compadecerlo.»

Dios bien sabe que todavía hoy cuando me topo con alguno de los que llevan el mismo traje que llevaba mi amo, y llevan su mismo paso, tengo lástima de él, pensando si sufrirá lo que a aquel pobre de mi amo le vi sufrir.

También digo que serviría a mi amo con toda su pobreza de mejor gana que a los otros, por todo lo que he dicho. Sólo había una cosa que no me gustaba de él pues querría yo que él tuviera menos *presunción* y que bajara un poco su fantasía, a medida que subía su necesidad. Pero parece que es regla entre ellos. El Señor lo remedie, que ya con este mal tienen que morir.

Estando yo en tal estado, pensando la vida que digo, quiso mi mala suerte que no me durase mucho tiempo mi manera de vivir. Sucedió que como aquel año hubiese sido muy malo en aquella tierra, acordaron los del *Ayuntamiento* que todos los pobres que no fueran de la ciudad se marchasen de ella y que nadie pidiese limosna y por ello los pobres que quedasen y que fuesen vistos pidiendo limosna serían castigados. De esta manera no *osé* pedir limosna por las calles.

Así sucedió que mi amo y yo llegamos a pasar tres días sin probar bocado y sin hablar palabra. A mí me dieron la vida unas mujercillas que eran *hilanderas* y que vivían junto a nosotros. De lo poco que a ellas les traían, me daban alguna cosilla con la que remediaba mi hambre.

---

presunción, tener de sí mismo una idea muy *elevada* (= alta).
Ayuntamiento, aquí: las autoridades del pueblo, ver nota en página 13.
osar, atreverse.
hilanderas, ver ilustración en página 58.

hilandera

Yo en aquel tiempo no tenía tanta lástima de mí como de mi pobre amo que llegó a pasarse ocho días sin comer nada. Al menos en casa estuvimos los dos sin comer. No sé yo cómo y dónde andaba ni qué comía.

¡Y verle venir a medio día por la calle, tan contento y con la cabeza tan alta como si fuese un gran señor! Y por lo que toca a la honra a veces salía a la puerta con una paja entre los dientes, limpiando con ella los dientes que nada tenían entre sí. Y todavía se quejaba de aquella casa.

Uno de estos negros días me dijo:

– Como ves, Lázaro, esta casa es triste y oscura. Mientras estemos aquí hemos de padecer. Ya deseo que se acabe este mes para salir de ella.

En este tiempo, estando tal como he dicho entró un real en poder de mi amo, con el cual vino a casa muy contento. Estaba tan contento aquel día mi pobre amo, como si tuviese en sus manos el tesoro de Venecia y con la cara muy alegre me dio el real y me dijo:

– Toma, Lázaro, que Dios ya va abriendo su mano. Ve a la plaza y compra pan, vino y carne. Y quiero que sepas también que he *alquilado* otra casa y que en esta no hemos de estar más que hasta que termine el mes. ¡Y maldita sea ella y quien la hizo! Por Nuestro Señor, que desde que vivo en ella no he bebido ni una gota de vino, ni he comido un bocado de carne, ni he encontrado descanso alguno. Tan triste y oscura es esta casa que no sabes cuánto deseo irme de ella. Vete, vete y ven pronto y comamos hoy como condes.

Cogí mi real y el jarro y muy deprisa empiezo a subir la calle camino de la plaza, muy contento y alegre, pensando que, por fin, una vez, íbamos a comer bien.

Pero mi suerte es tal que ninguna alegría viene sin alguna pena. Nunca mis alegrías han venido solas. Y esta vez fue de esta manera.

Yo iba, como digo, calle arriba, muy contento, pensando en cómo gastaría mejor mi real y que fuese con más provecho y dando gracias a Dios que había hecho que mi amo tuviese dinero. Yendo como digo, veo venir hacia mí un muerto al que llevaban en unas *andas* y con él venían muchos clérigos y gente.

Me puse junto a la pared para dejarles paso y cuando el cuerpo pasó, venía casi junto a él una que debía ser su mujer, vestida de *luto*. Con ella iban otras muchas mujeres. La mujer de luto iba llorando y diciendo a grandes voces:

– Marido y señor mío ¿a dónde te llevan? ¡A la casa triste y oscura! ¡A la casa donde nunca comen ni beben!

---

alquilar, tomar una casa para vivir en ella durante un tiempo, pagando por ella el dinero convenido.

andas, ver ilustración en página 60.

luto, vestidos negros que se ponen los familiares del que muere.

59

andas

clérigos

Yo, cuando oí esto tuve tanto miedo que parecía que se me juntaba el cielo con la tierra y oyendo lo que la mujer iba diciendo, dije para mí:

– ¡Oh, *desdichado* de mí! ¡Para mi casa se llevan este muerto!

Dejé el camino que llevaba y pasando muy deprisa por el medio de la gente volví para mi casa, corriendo, calle abajo y entrando cerré la puerta con gran miedo llamando a mi amo, que vino en seguida al oir mis voces. Me abracé a él y le pedí que me ayudara a defender la entrada. El pobre de mi amo cuando vio esto me dijo:

---

desdichado, que tiene mala suerte.

60

– ¿Qué es esto, mozo? ¿Qué voces estás dando? ¿Qué tienes? ¿Qué te pasa? ¿Por qué cierras la puerta de ese modo?

Yo dije:

– ¡Oh, señor! ¡venga aquí, que nos traen a casa un muerto!

Mi amo respondió:

– ¿Cómo así, mozo?

– Ahí arriba lo encontré y su mujer venía llorando y decía a grandes voces:

«¡Marido y señor mío ¿a dónde te llevan? ¡A la casa triste y oscura! ¡A la casa donde nunca comen ni beben!» Aquí, señor, nos lo traen.

Cuando mi amo oyó esto, se rió tanto que estuvo un gran rato sin poder hablar. Pasó la gente con su muerto, pero yo todavía temía que nos lo metieran en casa. Cuando, por fin, mi amo estuvo *harto* de reír, más harto de reír que de comer, me dijo:

– Verdad es, Lázaro; según la viuda lo va diciendo, tú tuviste razón en pensar lo que pensaste; pero, pues Dios lo ha hecho mejor y pasan adelante con el muerto, abre, abre la puerta y ve a buscar qué comer.

Yo dije todavía:

– Déjelos, señor, que acaben de pasar por la calle.

Al fin pasaron todos los que iban con el muerto y mi señor abrió la puerta de la calle y yo fui a buscar qué comer, pero aunque comimos bien aquel día, yo no lo hice con mucho gusto y en tres días no volví a tener mi color. Mi amo, cuando se acordaba de mi miedo y de mis palabras se reía y mostraba tener gran contento.

De esta manera estuve con mi tercero y pobre amo

---

harto, aquí: cansado.

que fue este escudero durante algunos días, y siempre estuve deseando saber porqué había venido a esta tierra y cuál era la razón por la que estaba allí. Y esto era porque desde el primer día en que estuve con él conocí que era *extranjero* en aquella tierra.

Al fin, un día, se cumplió mi deseo, y supe lo que deseaba saber. Porque un día que habíamos comido bien y estaba muy contento me dijo que era de Castilla la Vieja y que había dejado su tierra solamente por no quitarse el *bonete* ante un caballero que era vecino suyo.

Yo le dije:

– Señor, si él era *caballero,* como decís y vuestra merced solamente era un escudero, y el caballero tenía más que vuestra merced no *errábais* en quitároslo primero, pues que decís que él también se lo quitaba ante vuestra merced.

Mi amo me contestó:

– Sí, mi vecino es caballero, y sí, tiene más que yo y también él se quitaba el bonete ante mí, al pasar yo; pero yo siempre me lo quitaba primero, y siendo así, no hubiera estado de más que alguna vez lo hubiera hecho él.

bonete

---

extranjero, el que es de otra nación o país; aquí: que es de otro lugar, pueblo o ciudad.

caballero, en el orden social el caballero era superior al hidalgo, y al escudero.

errar, equivocarse.

Entonces yo le dije a mi amo:

– Me parece, señor, que yo no miraría en eso, sobre todo con los que son más que yo y con los que tienen más que yo.

Mi amo me respondió:

– Lázaro, eres muchacho, y no sientes las cosas de la honra en la que hoy día está toda la riqueza de los hombres de bien. Debes de saber que yo soy, como ves, un escudero, pero si me topo con el conde en la calle y no se quita muy bien quitado del todo el bonete, te digo, Lázaro, que otra vez que le vea ya sabré yo entrarme en una casa o pasar a otra calle, si la hay cerca, antes de que él llegue a donde yo estoy, para no tener que quitarme yo el bonete cuando él pase junto a mí. Que un hidalgo no le debe nada a nadie que no sea Dios o el rey. Sábete además, Lázaro, que yo no soy tan pobre que no tenga allá en mi tierra unas casas, que si estuvieran en pie valdrían mucho dinero; y tengo también un *palomar* que si no estuviera *derribado* daría cada año más de doscientos palominos; y tengo otras cosas que me callo y que dejé por lo que tocaba a mi honra. Vine a esta ciudad pensando encontrar en ella buen *asiento,* pero no han sucedido las cosas como yo pensé. Canónigos y gente de la iglesia encuentro muchos, pero

paloma

---

palomar, lugar donde viven las *palomas.*
derribado, caido por tierra.
asiento, aquí: señor a quien servir.

son gentes a las que nadie sacará de su paso; caballeros no muy ricos también hallo, pero servir a estos caballeros es gran trabajo.

De esta manera se quejaba el pobre de mi amo de su mala fortuna y me contaba muchas cosas de su persona.

Estando en esto un día de los muchos en que estábamos hablando los dos, entró por la puerta un hombre. Con él venía una mujer vieja. El hombre pide el *alquiler* de la casa y la mujer el de la cama. Por el alquiler de dos meses le pidieron lo que el desdichado de mi amo no tendría ni siquiera en un año. Pienso que lo que le pidieron fueron doce o trece reales.

Mi amo les dio muy buenas palabras y una muy buena respuesta: que iba a salir a la plaza a cambiar una moneda mayor y que volviesen a la tarde. Pero su salida fue sin vuelta.

Por la tarde volvieron el hombre y la vieja. Yo les dije que mi amo no había vuelto todavía. Llegó la noche y mi amo todavía no había vuelto.

Yo tuve miedo de quedarme solo en casa y me fui a casa de las vecinas hilanderas. Les conté el caso y me quedé a dormir en su casa.

Al día siguiente volvieron la vieja y el hombre y como no encontraron en casa a nadie preguntaron a las mujeres por el vecino.

Éstas le respondieron:

– Aquí está su mozo y la llave de la puerta.

Ellos me preguntaron por mi amo. Yo les dije que no sabía dónde estaba y que tampoco había vuelto a casa desde que salió a la plaza a cambiar la moneda y

---

alquiler, lo que se paga por vivir en una casa, ver página 59.

que yo pensaba que se había ido de mí y de ellos con el dinero.

Cuando oyeron esto, llamaron a un *alguacil*. Éste llegó, con sus hombres, me pidieron la llave y entraron todos en la casa para llevarse toda la hacienda de mi amo, hasta que éste pagase.

Anduvieron por toda la casa, la miraron por arriba y por abajo y la encontraron vacía, como ya he contado.

Al ver la casa vacía me preguntaron:

– ¿Qué es de la hacienda de tu amo: sus arcas, sus mesas, sus sillas, las cosas de la casa?

Yo les respondí:

– No sé yo eso.

Ellos dijeron:

– Sin duda, esta noche lo han sacado todo de aquí y lo han llevado a alguna parte. Señor alguacil hay que prender a este mozo porque él sabe dónde están.

Vino el alguacil, me cogió del jubón y me dijo:

– Muchacho, puedes estar seguro de que te prenderé si no dices dónde está la hacienda de la casa de tu amo.

Yo, como nunca me hubiese visto cogido de esta manera, porque aunque me había visto cogido por el jubón era con cuidado, para que le mostrase el camino al ciego, tuve mucho miedo y les dije, llorando, que yo les diría la verdad de todo lo que quisieran preguntarme y que yo supiese.

Con esto el alguacil me soltó y todos dijeron:

– Bien está, pues dí lo que sabes y no tengas miedo.

Yo les dije:

– Señores, lo que este mi amo tiene, según me dijo un día, son unas casas y un palomar derribados.

---

alguacil, persona de la autoridad.

Ellos dijeron entonces:

– Bien está. Por poco que valga lo que tiene, bastará para pagar lo que debe por el alquiler de la casa y el de la cama. ¿Y en qué parte de la ciudad tiene eso que dices? – me preguntaron ellos.

Yo les respondí:

– En su tierra.

Ellos dijeron riendo:

– Por Dios, que está bien eso que dices, mozo. ¿Y adónde es su tierra?

Yo les dije:

– De Castilla la Vieja me dijo él que era.

El alguacil se rió mucho.

Las vecinas que estaban allí le dijeron:

– Señores, éste es un niño y hace muy pocos días que está con este escudero, y no sabe de él más de lo que saben vuestras mercedes. El mozo llega aquí a nuestra casa, y le damos de comer lo que podemos, por amor de Dios, y por las noches se va a dormir a casa de su amo.

Viendo el alguacil que yo no sabía más me dejaron libre. El alguacil le pidió a la vieja y al hombre lo que le debían por su trabajo. Ellos empezaron a dar voces y a decir que no estaban obligados a pagar. El alguacil mandó a uno de sus hombres que cogiese la manta de la mujer y se la llevase. Finalmente después de haber dado muchas voces se fueron todos. No sé cómo terminaron.

Así como he contado me dejó mi pobre y tercer amo, el escudero.

Por esto acabé de conocer mi mala suerte, pues todas las cosas me sucedían tan al revés que a los demás, que siempre suelen ser los amos los que son dejados por los criados y en mi caso fue el mozo el que fue abandonado por el amo.

Preguntas

1. ¿Qué hizo Lázaro para vivir, a su llegada a Toledo?

2. Por qué creyó Lázaro encontrar buen amo en el escudero?

3. ¿Qué hicieron Lázaro y su nuevo amo el primer día que estuvieron juntos?

4. ¿Cómo era la casa del escudero? Descríbala.

5. ¿Había comido el escudero?

6. ¿Qué trato existe entre Lázaro y su amo? ¿Cómo es su relación?

7. ¿Cómo era la cama del escudero y cuál era la situación de éste?

8. Describa al escudero a) físicamente, b) su carácter.

9. ¿Por qué siente miedo el escudero antes las damas de la huerta?

10. ¿Qué sentimientos tiene Lázaro hacia este amo suyo? ¿Cómo los muestra?

11. ¿Cómo soluciona Lázaro el problema de la comida para él y para su amo?

12. Refiera el episodio del muerto.

13. ¿Por qué siente Lazarillo tanto miedo?

14. ¿Por qué cree Lazarillo que van a llevar el muerto a su casa?

15. ¿Por qué abandonó el escudero su tierra? ¿Cuál era ésta?

16. ¿Qué concepto tiene el escudero de la honra? Coméntelo.

17. ¿Por qué se marcha el escudero y abandona a Lázaro?

18. Compare el concepto que Lázaro tiene del escudero con el que tiene de cada uno de sus amos anteriores. Explique en qué está la diferencia.

DE CÓMO LÁZARO SIRVIÓ A UN
FRAILE DE LA MERCED
Y DE LO QUE LE SUCEDIÓ CON ÉL.

Después que me dejó el escudero tuve que buscar otro
amo. Mi nuevo amo fue un fraile de la Merced al cual
me encaminaron las buenas de las hilanderas. Ellas
decían que el fraile de la Merced era pariente suyo.
Este hombre era gran enemigo de rezar y de comer
en el *convento* y era muy amigo de andar fuera del convento y de una parte para otra haciendo visitas a unos
y a otros. Tanto que pienso que rompía él solo más
zapatos que todos los frailes del convento juntos. Éste
me dio los primeros zapatos que rompí en mi vida, pero
no me duraron ni ocho días. Yo no pude quedarme con
él más tiempo por ciertas cosillas que no quiero decir.
Y me fui a buscar nuevo amo.

zapatos

---

fraile, cura, sacerdote que pertenece a una orden religiosa cuya regla
sigue. La *merced* orden religiosa fundada en 1218, se dedicaba a la redención de cautivos. Ver nota en página 9 y 80.
convento, lugar donde viven los frailes.

Preguntas

1. ¿Quienes eran las hilanderas de que habla Lazarillo?

2. ¿Qué trato ha tenido Lázaro con las hilanderas?

3. ¿Qué relación existe entre las hilanderas y el fraile?

4. ¿Se quedó Lazarillo mucho tiempo con este amo?

DE CÓMO LÁZARO SIRVIÓ A UN *BULERO* Y DE LO QUE LE SUCEDIÓ CON ÉL.

Mi quinto amo fue un bulero, el hombre más malo que nunca vi porque tenía y buscaba mil modos y maneras con los cuales engañaba a la gente.

Mi amo, como bulero que era, estaba mandado por la iglesia a recorrer los pueblos y *echar la bula, predicándola* y dándola a conocer a las gentes y después, cuando las gentes habían tomado la bula, tenía que recoger el dinero de la limosna.

Cuando entraba en los pueblos en los que había de predicar la bula, lo primero que hacía era hacer regalos a los clérigos o curas del pueblo. No eran grandes regalos sino cosillas de poco valor como una *lechuga,* un par de *naranjas,* un *melocotón,* unas *peras.* Esto lo hacía porque así ellos *favorecían* su negocio y pedían a los *feligreses* que tomasen la bula.

Cuando los clérigos venían a darle las gracias, hablaba con ellos para informarse de lo que sabían y si eran

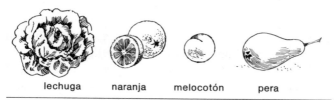

lechuga   naranja   melocotón   pera

---

bulero, sacerdote que publicaba la *bula* (ver ilustración en página 75) y recibía el dinero de las limosnas que por ella se daban. La bula es un documento que da el Papa concediendo al que la toma ciertos bienes espirituales.

predicar la bula, darla a conocer, explicar para qué sirve.

favorecer, hacer un favor, ayudar.

feligrés, el que pertenece a una *parroquia* (= iglesia).

clérigos o curas que sabían y entendían entonces no hablaba con ellos en latín, para que no pudieran ver que él no sabía latín, sino que les hablaba en *romance*. Cuando veía que los clérigos eran de los que no entendían nada, entonces se hacía con ellos un Santo Tomás y les hablaba dos horas en latín. Al menos hablaba algo que parecía latín aunque no lo era, porque él tampoco lo sabía.

Cuando no le tomaban en los pueblos la bula de buena voluntad obraba de modo que se la tomasen por fuerza y para ello le hacía muchas cosas malas al pueblo y engañaba a la gente con muchas mentiras. Yo lo veía hacer tantos engaños que sería imposible para mí contarlos todos. Eran tantos que sería muy largo de contar.

Por ello contaré solamente alguno. Ahora voy a contar un engaño que hizo en un pueblo, con el cual probaré cómo era mi nuevo amo.

En un pueblo de los de la *Sagra* había estado dos o tres días haciendo los engaños que tenía por costumbre y al cabo de los tres días no le habían tomado la bula y a mi modo de ver tampoco tenían intención de tomársela.

Se daba al diablo por esto y maldecía a la gente para sus adentros. No sabía ya qué hacer y pensando decidió llamar a todo el pueblo para que al día siguiente fuesen a la iglesia. Después de esto se retiró a la posada.

Esa noche, después de cenar, se puso a jugar con el alguacil. A causa del juego llegaron a reñir y a tener malas palabras el uno para con el otro. Él llamó al alguacil ladrón, y el alguacil le llamó a él *falsario*. Entonces mi amo tomó una *lanza* que estaba en el lugar donde

---

romance, aquí: castellano, español, (frente a latín).

La Sagra, región natural de Toledo, ver mapa en página 8.

falsario, que engaña.

jugaban puesta contra la pared. El alguacil echó mano a su espada. Al ruido y a las voces que todos dimos, acudieron los vecinos y se pusieron en medio de los dos para separarlos. Ellos querían soltarse de las manos de los que los agarraban para poderse matar. Pero como acudiese más gente al ruido y como la casa estuviese llena de ella viendo que no podían ofenderse con las armas, lo hacían con las palabras y se decían uno al otro palabras muy ofensivas entre las cuales el alguacil dijo a mi amo que era un falsario y que además las bulas que predicaba eran falsas.

Como los del pueblo vieron que no los podían separar y que no podían hacer nada para que se callaran, decidieron sacar al alguacil de la posada y llevárselo a otro lugar. Se fueron unos con el alguacil y mi amo se quedó muy enfadado. Después que los vecinos le pidieron que dejase el *enojo*, se fue a dormir y así lo hicimos también todos los demás.

A la mañana siguiente mi amo se fue a la iglesia para la despedida de la bula y mandó tocar las *campanas* para decir la misa y hablar de la bula.

Todo el pueblo fue a la iglesia y todos andaban diciendo cómo mi amo era un falsario y que las bulas que predicaba eran falsas y que el mismo alguacil lo había dicho en la posada la noche antes cuando reñía con el bulero. De esta manera si antes no tenían mucha gana de tomar la bula, en aquel momento no tenían ninguna.

lanza

---

enojo, de *enojarse*, enfadarse.
campana, ver ilustración en página 45.

73

Mi amo subió al *púlpito* y empezó a explicarle a la gente que debían tomar la bula y por qué debían tomarla y les explicaba cómo de tomar la bula se le seguirían grandes bienes y que no debían quedarse sin tan gran bien como la bula llevaba.

Estando en lo mejor del *sermón* entró por la puerta de la iglesia el alguacil. Cuando terminó de hacer su oración, muy despacio y con la voz muy alta y clara para que todos le oyesen empezó a decir:

– Buenos hombres y vecinos de este pueblo, oidme a mí una palabra que después podéis oir a quien queráis y lo que queráis. Este mal hombre que os está echando la bula me engañó y me dijo que si yo le ayudaba en este negocio que partiría conmigo la ganancia. Ahora he visto el daño que esto haría a mi conciencia y a vuestra hacienda y no quiero hacer lo que este hombre me ha pedido. Por eso os digo aquí a todos que las bulas que este hombre trae son falsas y que no le creáis ni toméis las bulas y os digo también que yo no quiero de ninguna manera tener parte en las bulas. Y si alguna vez este hombre fuese castigado por su falsedad, vosotros podréis decir cómo yo no quiero ayudarle y cómo os he dicho todo esto aquí.

Algunos hombres buenos que estaban allí quisieron levantarse y echar de la iglesia al alguacil. Pero mi amo les dijo que no, que no lo hiciesen sino que le dejasen decir todo lo que él quisiera decir. Y así también guardó silencio mientras el alguacil dijo todo lo que he dicho.

Cuando el alguacil se calló, mi amo le preguntó si quería decir algo más y que si quería decir algo más lo dijese.

---

sermón, lo que se dice para enseñar la religión, discurso o enseñanza.

altar   bula   púlpito

rodillas

El alguacil respondió:

– Todavía tengo mucho más que decir de vos y de vuestra falsedad. Pero por ahora no diré más.

Mi amo se puso de *rodillas* en el púlpito y con las manos juntas y mirando al cielo como si fuese un santo, con palabras muy tranquilas dijo:

– Señor Dios, que ves todas las cosas de los hombres y a quien ninguna se le oculta y para quien nada es imposible, antes bien todo es posible: Tú sabes la verdad y Tú sabes cómo de modo injusto soy ofrendido. Yo perdono a este hombre, para que Tú, Señor, me perdones a mí. No mires, Señor, a aquel que no sabe lo que hace ni lo que dice, pero por la ofensa que a Tí te ha hecho, te pido que no *disimules,* porque alguno de los que está aquí, que acaso pensó tomar la bula, dando oidos a las falsas palabras de este hombre, acaso la dejará de tomar. Por eso te pido, Señor, que muestres aquí tu poder haciendo un *milagro.* Y te pido que el milagro sea de esta manera: que si es verdad lo que aquél hombre dice, y que si es verdad que yo traigo maldad y falsedad, que este púlpito se *hunda* conmigo bajo la tierra, de tal manera que ni el púlpito ni yo salgamos jamás; y si es verdad lo que yo digo y aquel hombre, convencido por el demonio (que quiere que estas buenas gentes no tengan los bienes de la bula) dice mentira, que sea también castigado y sea esto como Tú quieras, Señor, pero de manera que todas estas buenas gentes vean su maldad.

Apenas había acabado mi amo de decir su oración, cuando el mal alguacil se cayó al suelo y dió un golpe tan grande al caer que hizo resonar toda la iglesia. Comenzó a gritar y a torcer la cara y la boca y a dar con todo su cuerpo golpes contra el suelo. La gente tenía tanto miedo y daba tantas voces que no podían oirse los unos a los otros. Muchos lloraban de miedo.

Unos decían: «El Señor le ayude». Otros decían: «Le está bien lo que le pasa, por decir falsedad.»

Finalmente, algunos de los que estaban allí, con mucho miedo a mi parecer, se acercaron a él y le tomaron por

---

disimular, aquí: perdonar.

milagro, acto del poder de Dios, superior al de los hombres, hecho o suceso extraordinario.

hundirse, desaparecer bajo la tierra.

los brazos con los que él daba fuertes golpes a los que querían sujetarle.

Otros le agarraban por las piernas. Pero tenía tanta fuerza que había más de quince hombres sobre él y a todos los golpeaba.

A todo esto el señor mi amo estaba en el púlpito de rodillas con las manos juntas y los ojos puestos en el cielo como si en la iglesia no estuviera sucediendo nada. Parecía que ni siquiera el ruido que había en la iglesia podía apartarle de su oración.

Aquellos buenos hombres se acercaron a él, y dando voces, le despertaron y le pidieron que por amor de Dios quisiese ayudar al alguacil que se estaba muriendo y que no mirase las cosas que habían pasado, ni tampoco mirase en las malas palabras que el alguacil había dicho. Pero que si podía ayudarle, que por amor de Dios, que lo hiciese, pues ya ellos habían visto el castigo de Dios y que él decía la verdad.

Mi amo, como quien despierta de un dulce sueño, los miró, miró después al alguacil y a todos los que estaban allí y dijo muy *pausadamente:*

– Buenos hombres, vosotros nunca debíais rogar por un hombre a quien Dios ha castigado de una manera tan clara, mas pues Dios nos manda que no devolvamos mal por mal, y que perdonemos las *ofensas* podemos pedirle que Él haga lo que nos manda hacer a nosotros y que Él perdone a este hombre. Vamos a pedírselo todos juntos.

Dicho esto bajó del púlpito y puesto de rodillas le pidió a Dios que quisiese perdonar a aquel pecador y

---

pausadamente, despacio.

ofensas, dicho o hecho malo contra alguien.

que le volviese a su buen estado y que sacase de su cuerpo al demonio, si es que Él había permitido, como castigo, que el demonio entrase en el cuerpo del alguacil.

Todos se pusieron de rodillas delante del *altar* con los clérigos, y todos empezaron a cantar pidiendo perdón a Dios por el pecador.

Cuando hubieron terminado de cantar mi amo se llegó a donde estaba el alguacil llevando una cruz en la mano. Cuando llegó junto a él comenzó a rezar una oración muy larga con la cual hizo llorar a todos los que estaban allí y en la cual pedía a Dios que perdonase al hombre pecador.

Hecho todo esto mandó traer la bula y se la puso en la cabeza al alguacil. Y enseguida el pecador del alguacil empezó a estar mejor poco a poco y a volver en sí. Cuando estuvo bueno del todo se puso de rodillas a los pies de mi amo y le pidió perdón diciéndole que todo lo que había hablado lo había hecho por la boca del demonio por dos cosas: la una por ofenderle a él y la otra porque el demonio recibía mucha pena del bien que allí se hacía al tomar la bula.

El señor mi amo le perdonó y los dos quedaron muy buenos amigos.

Todos tenían tanta prisa por tomar la bula que no quedó en el pueblo nadie sin ella: marido y mujer, hijos e hijas, mozos y mozas, todos la tomaron.

La noticia del milagro se conoció por todos los otros pueblos de los alrededores y cuando mi amo y yo llegábamos a ellos no era necesario ir a la iglesia, la gente venía a la posada a pedir la bula como si fueran peras que se daban *de balde*.

---

altar, ver ilustración en página 75.

de balde, gratis; sin que cueste nada.

De esta manera en diez o doce pueblos a donde fuimos echó mi amo, sin ir a la iglesia, otras tantas mil bulas.

Cuando vi todo lo que he contado creí que era así y que era verdad, como otros muchos lo creyeron; pero al ver la risa y la manera como después mi amo y el alguacil se burlaban de la gente que había tomado la bula comprendí que todo había sido hecho para su provecho y negocio y conocí que todo había sido inventado por mi amo.

Y aunque yo era muchacho esto me hizo mucha gracia y dije entre mí:

«Cuántas cosas como éstas deben hacer estos malos hombres para engañar a las buenas gentes como éstas».

En otro lugar, el cual no quiero nombrar, nos sucedió lo siguiente:

Mi amo echó la bula, como solía hacer, predicó dos o tres sermones, pero nadie quería tomar la bula.

Visto por mi amo lo que pasaba y que si la gente no tomaba la bula, tanto su ganancia como su trabajo eran perdidos, hizo tocar las campanas para despedir la bula, como de costumbre, y hecho el sermón, habiéndose despedido desde el púlpito, cuando ya se iba a bajar llamó al *escribano* y me llamó a mí también.

El escribano se acercó a donde estaba mi amo y yo, que iba cargado con unas *alforjas* llegué también al primer *escalón* del púlpito. Mi amo tomó las bulas que tenía en la mano el alguacil y las que yo tenía en las alforjas, las cogió en sus manos, se volvió al púlpito con cara alegre y empezó a tirar desde allí las bulas de diez en diez y de veinte en veinte diciendo:

---

escribano, oficio público que tiene como trabajo dar fe de lo que pasa ante él, escribiéndo.

alforjas, escalón, ver ilustración en página 80.

brasero　misal

gradas　alforjas　escalón

– Hermanos míos, tomad, tomad los favores que Dios os envía hasta la puerta de vuestras casas por medio de esta santa bula de la *Santa Cruzada* y pues es obra tan santa y buena la *redención* de *cautivos* cristianos que están en tierras de moros, ayudadles con vuestras limosnas y oraciones.

Santa Cruzada, guerra santa contra los moros, la limosna de la bula de la Santa Cruzada era para *redimir*, (= librar) a los *cautivos* (= presos cristianos) que estaban en poder de los moros. Ver nota en página 69. *redención*, sustantivo de redimir.

Como la gente del pueblo vio caer las bulas como cosa que se daba de balde y que era venida de la mano de Dios, no quedó ninguno que no tomase la bula. La tomaban también para los niños pequeños y también para los *difuntos,* contando por los dedos desde los hijos hasta el último criado que tenían. Cogieron tantas y tan aprisa que le digo a vuestra merced que en poco más de una hora no quedó bula en las alforjas y fue necesario ir a la posada a buscar más.

Cuando todos hubieron tomado la bula, mi amo le dijo al escribano que para que él pudiese decir a quien le había enviado quiénes eran los que habían tomado la bula, que era bien que le escribiese sus nombres.

Y así todos, de muy buena voluntad decían las bulas que habían tomado, contando las que habían tomado para ellos, para sus hijos y criados.

Hecho esto pidió al escribano, pues que mi amo tenía que irse a otra parte, le dijese cuántas bulas habían quedado en aquel pueblo. Y el escribano le dijo que más de dos mil. Mi amo se despidió con mucha paz y amor de todas las gentes y nos fuimos de este lugar muy contentos del negocio que allí habíamos hecho.

Y así nos fuimos a otro lugar de Toledo, hacia la *Mancha* a donde nos encontramos también con gentes que no querían tomar la bula. Tanto era así que en dos fiestas que allí estuvimos no se habían dado ni siquiera treinta bulas.

Visto por mi amo que en aquel pueblo no tomarían muchas bulas hizo lo siguiente: y fue que un día de fiesta dijo la misa y después que hubo acabado el sermón,

---

difuntos, los que han muerto.
La Mancha, región natural.

se volvió al altar y tomó una cruz que siempre llevaba consigo, puso detrás del *misal* un *brasero* que habían puesto encima del altar para que se calentara las manos, y sin que nadie lo viera metió la cruz dentro del brasero. Cuando acabó de decir la misa cogió la cruz con un *paño* y, bien envuelta, tomó la cruz en la mano derecha y la bula en la izquierda y bajó hasta la primera *grada* del altar a donde hizo como si besara la cruz. Después de hacerlo él, hizo señas a la gente para que también fuese a besar la cruz. Así, se acercaron primero las autoridades y los viejos del pueblo, como es costumbre en estos lugares.

El primero que se acercó fue el *alcalde* que era ya viejo y aunque mi amo le dio a besar la cruz con cuidado el alcalde se *abrasó* la cara.

Lo cual visto por mi amo dijo:

– ¡Milagro! ¡Milagro!, señor alcalde.

Lo mismo pasó con otros siete u ocho que se acercaron a besar la cruz. Todos se abrasaron la cara y mi amo a todos les decía, teniendo la cruz en la mano:

– ¡Milagro! ¡Milagro!

Cuando vio que había bastantes con la cara abrasada como para que toda la gente creyera en el milagro, decidió no dar a besar la cruz milagrosa a nadie más.

Con mucha calma se fue de nuevo al altar y desde allí comenzó a hablar. Decía cosas maravillosas, y dijo que por la poca caridad que había en ellos Dios había permitido aquel milagro y que la cruz ardía por la poca caridad que había en aquel pueblo.

---

misal, brasero, grada, ver ilustración en página 80.

paño, pedazo de tela.

alcalde, primera autoridad del pueblo.

abrasarse, quemarse.

Fue tanta la prisa que la gente se dio a tomar la bula que no bastaban los clérigos que allí estaban junto con dos escribanos para escribir. Creo que se tomaron allí más de tres mil bulas.

La gente del pueblo le pidió a mi amo que dejase la cruz en el pueblo para memoria de aquel milagro y que así estaría siempre en la iglesia esta cruz. Mi amo dijo que no, que de ninguna manera quería dejar tan maravillosa y milagrosa cruz.

Al fin tanto le rogaron que dando muestras de gran dolor por separarse de ella, dejó la cruz en la iglesia. Las buenas gentes a cambio de aquella cruz le dieron una mucho mejor, antigua y de plata que valía más.

Al día siguiente nos fuimos contentos de aquel lugar.

De todo esto que he dicho nadie vio nada sino yo que subí al altar. Cuando mi amo me vio allí y vio que yo había visto lo que él había hecho, se puso el dedo en la boca para hacerme señal de que callase. Yo así lo hice y nunca dije a nadie cómo fue el milagro de la cruz porque mi amo me hizo jurar que no lo diría. Y así he callado hasta ahora.

Finalmente estuve con este mi quinto amo cerca de cuatro meses, en los cuales pasé también muchos trabajos.

Preguntas

1. ¿Cómo era el bulero? ¿Cuál era su oficio?

2. Refiera la riña entre el alguacil y el bulero, y la causa de ella.

3. ¿Qué sucedió en la iglesia?

4. ¿Qué le pidió a Dios en su oración el bulero?

5. ¿Qué hicieron los hombres del pueblo cuando vieron al alguacil enfermo? ¿Cómo eran las gentes de este pueblo?

6. Describa el milagro.

7. Explique la verdadera relación entre el alguacil y el bulero.

8. ¿Cuántas bulas vendió el bulero?

9. Explique cómo hizo el bulero para vender sus bulas en el pueblo del cual el autor no nos dice el nombre?

10. Explique en qué consistió el milagro de la cruz.

11. ¿Qué carácter muestra el bulero en esta situación?

12. ¿Supo la gente de estos pueblos cuál era la verdad de los milagros?

13. ¿Quién lo supo?

14. ¿Por qué Lazáro no dijo nunca nada?

DE CÓMO LÁZARO SIRVIÓ A UN *CAPELLÁN* Y DE LO QUE LE SUCEDIÓ CON ÉL.

asno

cántaro

azote

Cuando dejé al bulero serví a un maestro de pintar *panderos,* para ayudarle a preparar los colores, pero pasé con él tantos trabajos que un día me marché.

Por este tiempo era yo ya un buen mozuelo y entrando un día en la iglesia mayor, el capellán de ella me recibió como criado suyo. El capellán me dio un *asno* y cuatro *cántaros* y un *azote* y así comencé a *echar agua* por la ciudad.

---

capellán, el sacerdote que está al servicio o al cuidado de una casa, o de una iglesia.

pandero, ver ilustración en página 86.

echar agua, aquí: llevar agua por las casas.

Este oficio mío fue el primer paso que yo di para alcanzar buena vida. Daba cada día a mi amo treinta maravedís ganados y los sábados ganaba para mí y además era para mí todo lo que entre semana pasaba de treinta maravedís.

Me fue tan bien en el oficio que pasados cuatro años que en él estuve, *ahorré* para vestirme muy bien con ropa vieja, de la cual compré para vestirme.

Compré también una espada y cuando me vi vestido como un hombre de bien le dije a mi amo que tomase su asno que yo no quería seguir más en aquel oficio.

pandero

---

ahorrar, guardar parte de lo que se gana.

Preguntas

1. ¿Qué trabajo empezó a hacer Lázaro cuando sirvió al capellán?

2. ¿En qué se diferencia este trabajo de los que había hecho hasta entonces?

3. ¿Qué hizo Lázaro con el dinero que ganó?

4. ¿Cuánto tiempo estuvo Lázaro como criado del capellán?

DE CÓMO LÁZARO SIRVIÓ A UN ALGUACIL Y DE LO QUE LE SUCEDIÓ CON ÉL.

Cuando dejé al capellán me fui a servir a un alguacil. Mas muy poco viví con él pues me parecía un oficio lleno de peligros. Sobre todo que una noche nos hicieron correr a palos y a pedradas unos *retraídos*. A mi amo, que esperó lo trataron mal, mas a mí no me alcanzaron. Con esto acabé por ver que no era buen oficio y dejé a este amo.

Y pensando en qué modo de vivir sería mejor para tener descanso y ganar para la *vejez*, quiso Dios ponerme en camino que me fuera de provecho. Y con la ayuda que tuve de amigos y señores, todos mis trabajos anteriores fueron bien pagados con alcanzar lo que buscaba: un oficio *real*, viendo que solamente viven bien los que lo tienen.

En el cual oficio vivo en el día de hoy al servicio de Dios y de vuestra merced y es el cargo de *pregonar* los vinos que en esta ciudad se venden: *pregonero* para decirlo con claridad. Me ha ido tan bien desde que tengo este oficio que casi todas las cosas que tienen que ver o hacer con él pasan por mis manos. Tanto que en toda la ciudad el que tiene que vender vinos o algo, si Lázaro de Tormes, no se ocupa en ello, piensa que no saca provecho.

En este tiempo, viendo mi buena manera de vivir y

---

retraído, el que había huido de la justicia y se había *retraído* (= refugiado, entrado) en una iglesia a donde la justicia no podía entrar a detenerlo.
vejez, tiempo en el que ya se es viejo.
real, aquí: del servicio del rey.
pregonar, publicar; hacer conocer en voz alta algo para que sea conocido por todos; *pregonero,* la persona que lo hace.

teniendo noticia de mi persona el *arcipreste de San Salvador,* mi señor, y servidor y amigo de vuestra merced, porque pregonaba sus vinos, quiso casarme con una criada suya. Y visto por mí que de tal persona solamente podría venirme bien y favor decidí hacerlo y tomar por mujer la que mi señor el arcipreste me daba. Y así me casé con ella de lo que hasta ahora no estoy *arrepentido.*

Porque además de ser muy buena hija, tengo en mi señor arcipreste todo favor y ayuda y cada año le da *trigo* y en algunas fiestas carne, además de las calzas viejas que deja.

El señor arcipreste nos hizo alquilar una casa junto a la suya. Los domingos y días de fiesta siempre comíamos en su casa.

Malas lenguas, que nunca faltaron, decían no sé qué y sí sé qué, que si ven a mi mujer entrar y salir demasiado de la casa del señor arcipreste, que si va a hacerle la cama, que si entra a hacerle la comida...

Pero mejor les ayude Dios que ellos dicen la verdad.

trigo

---

arcipreste de San Salvador, arcipreste es el cura que tiene autoridad sobre los curas de algunas iglesias. S. Salvador iglesia de Toledo.

arrepentido, p. perf. de *arrepentirse,* tener pena por haber hecho o por haber dejado de hacer algo.

89

Porque además de que ella no es mujer para estas cosas, mi señor me ha prometido lo que pienso que él cumplirá. Porque un día me habló muy largamente delante de mi mujer y me dijo lo siguiente:

– Lázaro de Tormes, el que presta oidos a dichos de malas lenguas, nunca *medrará*. Te digo además que tu mujer .entra en mi casa muy a tu honra y a la suya y esto te lo aseguro. Por tanto no mires a lo que puedan decir estas malas lenguas, sino a lo que te sirve de provecho.

Yo le respondí:

– Señor, verdad es que alguno de mis amigos me ha dicho algo de eso que se habla, de que mi mujer entra demasiado en vuestra casa, que entra a haceros la cama y la comida y muchos me han dicho que antes de casarse conmigo ha parido tres veces.

Entonces mi mujer dio tantas voces y dijo tantas cosas que yo pensé que la casa se iba a hundir con nosotros. Después se puso a llorar y a echar mil maldiciones sobre quien conmigo la había casado. De tal manera estaba que yo hubiera querido antes estar muerto que ella hubiese dicho tales cosas.

Mas yo por una parte y mi señor por otra le dijimos tantas cosas que dejó de llorar. Yo le prometí además que nunca más hablaríamos de estas cosas y que yo estaba contento que me parecía bien que entrase y saliese de noche y de día que yo estaba seguro de su bondad.

De esta manera quedamos los tres contentos.

Hasta el día de hoy nunca nadie nos oyó hablar más

---

medrar, mejorar de fortuna.

sobre el caso y cuando alguno, de los que nunca faltan, quiere decirme algo sobre ella le digo:

– Mirad, si sois mi amigo, no me digáis cosas que me den *pesar* que no tengo por amigo al que esto hace.

Y digo mucho más si alguien me quiere poner a mal con mi mujer que es la cosa que más quiero en el mundo, pues la amo más que a mí mismo.

Yo digo que es muy buena mujer y quien otra cosa dijere, puede estar seguro de que yo me mataré con él.

Como todos saben que pienso de esta manera no me dicen nada y yo tengo paz en mi casa.

Todo esto fue en el mismo año en que nuestro *Emperador* entró en esta famosa ciudad de Toledo y tuvo en ella *Cortes* y se hicieron grandes fiestas como vuestra merced habrá oido.

Pues en este tiempo estaba yo en toda mi *prosperidad* y en la *cumbre* de mi buena fortuna.

---

pesar, pena; dolor.

Emperador, rey, aquí Carlos I de España y V de Alemania (1500–1558) que entró en Toledo el día 27 de abril de 1525.

Cortes, aquí reunión que el rey hace para resolver los asunto del Estado. Carlos V celebró unas cortes en Toledo en 1538.

prosperidad, bienestar.

cumbre, el punto más alto.

Preguntas

1. ¿Quién era el amo que tomó Lázaro después de dejar al capellán?

2. ¿Por qué estuvo Lázaro poco tiempo con él?

3. ¿Cuál fue la causa principal que hizo que Lázaro cambiase de oficio?

4. ¿Por qué decidió Lázaro tener un empleo real?

5. ¿Cuál fue el cargo que obtuvo? ¿Qué tenía que hacer? ¿Cómo era este oficio?

6. ¿Con quién se casó Lázaro? Describa el carácter de su mujer.

7. ¿Qué trato tiene Lázaro con su mujer? ¿Y con el arcipreste?

8. ¿Por qué Lázaro no quiere oir hablar mal de su mujer?

9. ¿Qué dicen las gentes de la mujer de Lázaro?

10. ¿Qué le dice el arcipreste a Lázaro?

11. ¿Cómo vive Lázaro al terminar el relato de su vida? ¿Está contento? ¿Qué razón o razones tiene para estarlo?

12. Describa el tipo humano de Lázaro visto desde su niñez en Salamanca, hasta su vida en Toledo como pregonero.

13. ¿Conoce alguna de las ciudades por las que ha pasado Lázaro? ¿Y alguno de los pueblos? Si es así hable de la vida en estas ciudades o en estos pueblos.

14. Si le ha interesado la personalidad y la problemática de Lázaro explique por qué.

15. ¿Cuál, de entre todos los amos de Lázaro le ha interesado más? Explique por qué.

16. Analice la situación del personaje que más le haya interesado.

17. ¿Puede sacar algunas conclusiones de la vida española en la época de Lazarillo a través del libro?

18. ¿Puede señalar algunos rasgos de crítica social? Coméntelos y hable de ellos.

19. ¿Puede señalar algunos rasgos o situaciones de tipo humorístico? Si es así hable de ellos.

20. Hable de la filosofía de Lázaro.